OEUVRES DRAMATIQUES

DU

COMTE ALFIERI.

PIÈCES

CONTENUES DANS CE VOLUME.

AGAMEMNON.
ORESTE.
TIMOLÉON.
AGIS.
SAÜL.

OEUVRES DRAMATIQUES

DU

COMTE ALFIERI,

TRADUITES DE L'ITALIEN,

PAR C.-B. PETITOT.

TOME SECOND.

A PARIS,

CHEZ GIGUET ET MICHAUD, IMPRIMEURS-LIBRAIRES,
RUE DES BONS-ENFANS, N°. 6, AU COIN DE LA RUE BAILLIE.

1802. — (AN 10.)

AGAMEMNON,

TRAGÉDIE EN CINQ ACTES.

PERSONNAGES.

AGAMEMNON.
CLITEMNESTRE.
ÉGISTE.
ÉLECTRE.

(La scène est dans le palais d'Agamemnon.)

AGAMEMNON,

TRAGÉDIE EN CINQ ACTES.

ACTE PREMIER.

SCÈNE Ire.

EGISTE (seul.)

Que veux-tu de moi, ombre terrible et sanglante, ombre irritée d'un père que je n'ai point vengé ? Laisse-moi, Thieste, laisse-moi ! Retourne aux rives du Styx. Toutes les fureurs ont passé dans mon sein : ton sang ne coule, hélas ! que trop dans mes veines. Fils obscur de l'inceste, je le sais, je suis né pour le crime, et pour m'en souvenir, je n'ai pas besoin de te voir. Je sais que vainqueur de Troye, Atride, revient dans Argos, orgueilleux et couvert de gloire. Je l'attends ici, dans son palais. Qu'il arrive ; son triomphe sera court, je te le jure. La vengeance guide mes pas. Elle excite, elle embrâse mon cœur:

elle approche, et tu vas en jouir. Oui, Thieste, je te promets ici plus d'une victime : tu boiras à longs traits le sang d'Atrée. Mais, avant le fer, employons l'artifice. Je suis seul et foible, contre un roi puissant. Puis-je le vaincre, si je déguise ma haine et ma fureur?

SCÈNE II.

ÉGISTE, CLITEMNESTRE.

CLITEMNESTRE.

Quoi! Égiste! Je te trouve toujours seul, en proie à tes tristes pensées? Tu me caches tes soucis, tes chagrins, à moi! Devrois-je te voir fuir ainsi celle qui ne vit que pour toi?

EGISTE.

Je suis trop étranger dans cette cour. Tu m'y accueilles, il est vrai : et je n'aurois jamais mis le pied dans ces lieux, si tu n'en étois pas la reine : tu le sais, j'y vins pour toi, et j'y reste pour toi. Mais hélas! déjà, déjà s'approche le jour affreux, où toi-même m'ordonneras de m'éloigner... oui, toi-même...

CLITEMNETRE.

Moi! Qu'as-tu dit? Et tu le crois? Ah!

non..... Mais pourquoi des sermens? Tu verras par toi-même si ce cœur enflammé nourrit quelques pensées qui ne soient pas pour toi.

ÉGISTE.

Eh! qu'importe que je sois l'unique objet de tes pensées? Si ton honneur blessé me touche, je dois, je veux me perdre moi-même, avant de troubler la paix de tes jours, avant de souiller ta gloire, avant de t'enlever l'amour de ton époux. Triste, obscur, avili, errant, réduit à fuir, voilà le sort d'un malheureux enfant de Thieste. On a flétri le père. On flétrit plus encor et plus injustement le fils. Je n'ai pour effacer en moi la tache de ma naissance et la honte du nom paternel, ni biens, ni sceptre, ni puissance, ni dignités : et l'heureux et superbe Atride revient vainqueur de Troye ! Crois-tu qu'il souffre dans Argos, le fils abhorré de son implacable, de son mortel ennemi ?

CLITEMNESTRE.

S'il revient, ses nouveaux et glorieux trophées auront éteint sa vieille haine. Un roi vainqueur peut-il haïr un ennemi dont il n'a rien à craindre ?

ÉGISTE.

Il se peut que je n'inspire aucune crainte. Il se peut qu'exilé, seul, sans force, sans secours, Agamemnon ne daigne pas me haïr. Mais son mépris !....Tu veux que je m'expose à son mépris ! Tu le veux ? Et tu m'aimes !

CLITEMNESTRE.

Tu m'aimes ! Et tu peux former le cruel dessein de m'abandonner !

ÉGISTE.

Le destin m'y force. Il n'est plus tems de te flatter. Penses-tu que ton époux, s'il oublie la haine de mon père, puisse ignorer, ou dissimuler l'outrage fait à son amour ? Si je reste, il faudra fuir ta vue et traîner une vie plus cruelle que la mort. Si quelquefois je parois devant toi, un regard, un soupir, me trahiront.. Que faire alors ? Hélas ! crois-moi, le plus léger soupçon dans le cœur d'un roi superbe, suffit pour notre perte. Je ne pense point à moi, je ne crains rien pour moi. Mais je te dois cette cruelle preuve d'un véritable amour; je dois te sauver et l'honneur et la vie.

CLITEMNESTRE.

Mais qui sait ? Peut-être le péril est plus

loin de nous que tu ne penses. Plusieurs années se sont écoulées depuis la chûte de Troye. Chaque jour nous menace du retour d'Atride; aucun ne le voit arriver. Tu le sais; la renommée publie que la flotte des Grecs, battue par la tempête, erre au loin dispersée. Ah! le moment peut-être est venu qui doit me venger enfin du trépas de mon Iphigénie.

EGISTE.

Eh! quand ce jour arriveroit, veuve illustre du roi des rois, daignerois-tu jetter un regard sur moi? sur moi, rejeton obscur d'une race abhorrée? sur moi, misérable jouet du destin irrité? sur moi, qui n'ai ni gloire, ni biens, ni armes, ni sujets, ni amis?

CLITEMNESTRE.

Ajoute encore, ni crime à te reprocher. Tu n'as point, il est vrai, le sceptre d'Atride, mais tu ne portes pas comme lui, un fer encore teint du sang de sa fille! J'en atteste le ciel: Atride seul régnoit sur mon cœur, avant qu'il osât arracher ma fille de mon sein pour la sacrifier sur un autel impie. Depuis ce jour funeste, depuis cet affreux moment, ce souvenir déchirant remplit mes jours de deuil et de désespoir. J'ai vu aux vains songes d'un augure imposteur, ou plutôt à l'ambition d'un père inhumain, j'ai vu immoler mon sang, ma fille enlevée de mes bras, sur l'espoir mensonger d'un heureux hyménée. Ah! depuis ce jour, je frémis d'horreur au seul nom d'Atride!..J'ai cessé de le voir, et si la fortune enfin le trahissoit aujourd'hui...

ÉGISTE.

La fortune ne l'abandonnera jamais qu'il ne soit fatigué d'elle. C'est elle qu'il l'a fait nommer chef des Grecs, aux rives du Xante; c'est elle, qui, plus que son courage l'a fait triompher et de l'implacable colère d'Achille et de la valeur d'Hector; c'est elle qui le ramènera dans Argos, fier et chargé des dépouilles de Troye. Oui, tu vas revoir Agamemnon à tes côtés. Il saura bien éteindre ta colère. Gages de votre ancien amour, Électre, Oreste, seront les gages d'une nouvelle paix, et cette paix éclatante, semblable à l'astre du jour dissipant les nuages, effacera bientôt l'amour insensé que tu as pour moi.

CLITEMNESTRE.

J'aime mon Électre..... Oreste m'est

ACTE I, SCÈNE II.

cher.... Mais la voix plaintive de mon Iphigénie mourante retentit encore dans mon cœur : je l'entends autour de moi, pousser de lamentables accens ; me crier : O ma mère ! tu aimes mon meurtrier ? — Non, je ne l'aime point, non, non.... cher Égiste ! Que n'es-tu le père de mes enfans?

EGISTE.

Puissent-ils être un jour entre mes mains !.. Mais je ne m'en flatte pas. — Je ne vois pour moi dans l'avenir que chagrins, affronts, précipices et ruine... N'importe, tu le veux, j'attends ici mon destin, quel qu'il soit. Je resterai, tant qu'il n'y aura de danger que pour moi seul. S'il vient à te menacer, je saurai bien périr seul, victime d'un malheureux amour.

CLITEMNESTRE.

C'est moi qui veux rendre notre destin inséparable. Ta modeste franchise achève de me vaincre, et je te juge de plus en plus digne d'un tout autre sort. — Mais Electre vient : laisse-nous ; je l'aime ; je voudrois détruire la prévention qu'elle a contre toi.

SCÈNE III.

ÉLECTRE, CLITEMNESTRE.

ÉLECTRE.

Ma mère, se peut-il que notre destin soit de trembler toujours, et d'attendre en vain, vous, votre époux, et moi, mon père ? Que nous importe d'apprendre que Troye est détruite, si de nouveaux périls naissent à chaque instant et s'opposent au retour d'Agamemnon vainqueur ?

CLITEMNESTRE.

Le bruit se confirme donc que la flotte des Grecs a été dispersée par la tempête.

ELECTRE.

On fait dans Argos mille récits divers. L'un prétend que les vents impétueux du midi ont poussé nos vaisseaux jusques aux golfes du Bosphore ; l'autre soutient avoir apperçu sur nos mers leurs voiles blanchissantes. D'autres, hélas! affirment que le vaisseau du roi s'est brisé contre un écueil, et que tout l'équipage a péri avec le roi lui-même. Malheureuses que nous sommes !...

Ma mère, qui devons-nous croire désormais ?
Comment sortir d'incertitude ? comment cesser de craindre ?

CLITEMNESTRE.

Les vents qui, au départ de votre père, ne se sont appaisés qu'avec du sang, veulent peut-être encore du sang à son retour. — O mes enfans ! que je suis heureuse de vous tenir en sûreté près de moi ! Je ne dois plus aujourd'hui trembler pour vous, comme je tremblois il y a dix ans.

ÉLECTRE.

Qu'entends-je ? ce sacrifice est encore présent à votre souvenir ? Il fut terrible, affreux, mais nécessaire. Aujourd'hui même encore, si le ciel demandoit le sang de votre dernière fille, aujourd'hui pleine de joie, je volerois à l'autel. J'y volerois pour conserver à ma mère un époux, aux Grecs un capitaine, à l'empire d'Argos sa splendeur et sa gloire.

CLITEMNESTRE.

Je sais que ton père t'est cher : que n'aimes-tu ta mère autant que lui !

ELECTRE.

Je vous aime également ; mais mon père

est en danger... Eh quoi ! au récit de ses périls, je ne vous vois point pleurer ! Vous ne changez pas seulement de visage !... O ma mère ! que ne l'aimez-vous autant que moi ?

CLITEMNESTRE.

Je le connois trop.

ÉLECTRE.

Que dites-vous ? ô ciel ! Vous ne parliez pas jadis ainsi de lui. Un lustre ne s'étoit pas encore écoulé depuis le départ de la flotte des Grecs, et chaque jour déjà je vous entendois soupirer après son retour ; vous vous plaisiez à nous raconter ses exploits. Vous viviez toute en lui ; vous nous éleviez pour lui : en nous parlant de lui, vos joues se baignoient de larmes amères et véritables. Bientôt après... Vous ne l'avez pas vu depuis, mais il n'a point changé ; vous seule différez de vous-même. Ah ! oui, un nouveau motif vous le fait regarder avec d'autres yeux.

CLITEMNESTRE.

Un nouveau motif ! Que dis-tu ?.. Je fus toujours aigrie contre lui... Ah ! tu ne sais pas !... Que dis je ? O ma fille ! si je te révélois les secrets les plus cachés de mon cœur...

ACTE I, SCÈNE III.

ELECTRE.

O ma mère! puis-je aussi bien les ignorer!

CLITEMNESTRE.

Dieux! qu'entends-je? (A part.) Auroit-elle pénétré?..

ÉLECTRE

Que ne suis-je du moins la seule qui vous ait devinée! Mais, ne le savez-vous pas? les moindres démarches des rois sont épiées par la malice, la curiosité, l'envie, d'autant plus aisément qu'on affecte envers eux plus de respects. Vous seule n'entendez pas les murmures du peuple, et vous croyez qu'on ignore ce que vous déguisez mal, ce dont vous êtes la seule à qui l'on n'ose parler. — L'amour vous aveugle.

CLITEMNESTRE.

L'amour! Malheureuse! Qui m'a trahie?

ELECTRE.

Vous-même, et depuis long-tems. Je ne dois point apprendre cet amour de votre bouche; il vous coûteroit trop d'en parler. O ma mère chérie! que faites-vous? Je ne vous crois point, non, je ne vous crois point embrâsée d'un violent amour. Un penchant involontaire s'est mêlé à la pitié qu'inspire la jeunesse malheureuse. Voilà le piège où vous êtes tombée sans le prévoir. Vous n'avez pas jusqu'ici songé à rappeler votre raison ; un cœur qui se croit sûr de lui-même, néglige les précautions. Peut-être avez-vous à peine blessé, je ne dis pas votre honneur, mais seulement les apparences. Il en est tems encore, la moindre volonté peut amener un retour sublime. Par l'ombre chère et sacrée d'Iphigénie, par votre amour pour moi, dont je ne suis point indigne aujourd'hui ; que vous dirai-je, enfin ? par les jours d'Oreste, ô ma mère ! je vous en conjure, arrêtez-vous au bord du précipice. Que cet Egiste s'éloigne de nous ; commandez-lui de garder sur vous le silence ; pleurez avec nous les disgraces d'Atride, et venez au temple demander aux dieux son retour.

CLITEMNESTRE.

Que j'éloigne Egiste !

ÉLECTRE.

Vous vous y refusez ?.. Mais votre maître, mais mon père mérite-t-il qu'on le trahisse, et le souffrira-t-il ?

ACTE I, SCÈNE III.

CLITEMNESTRE.

Mais... s'il... ne vivoit plus?..

ÉLECTRE.

Vous me faites frémir! Mes cheveux se dressent d'horreur.

CLITEMNESTRE.

Que dis-je?.. Ah! malheureuse!.. quels vœux osé-je former? Electre, pleure l'égarement de ta coupable mère; gémis sur une faute qui ne permet plus de retour... La longue absence d'un époux cruel... Les qualités d'Egiste... Mon fatal destin...

ÉLECTRE.

O ciel! que dites-vous? les qualités d'Egiste? Ah! vous ignorez quel est le cœur d'Egiste. Il est d'un sang étranger à toutes vertus. Il n'en peut avoir que de feintes. Exilé, avili, fils d'un horrible inceste... voilà le successeur que votre cœur désigne au roi des rois.

CLITEMNESTRE.

Mais, qui suis-je, moi? Léda, n'est-elle pas ma mère? Ne suis-je pas sœur d'Hélène? Un même sang coule dans mes veines. L'ordre des Dieux irrités, une force inconnue, m'entraînent malgré moi...

ELECTRE.

Vous donnez encore à Hélène le nom de sœur?.. Eh bien! si vous le voulez, ressemblez donc à Hélène; mais ne vous rendez pas du moins plus coupable qu'elle. Elle trahit son époux, mais elle n'avoit pas de fils. Elle prit la fuite, mais elle n'enleva pas le trône à ses enfans. Et vous, vous pourriez livrer, vous, le sceptre et vos fils, entre les mains d'un Égiste!

CLITEMNESTRE.

Quand le sort me rendroit veuve d'Atride, ô ma fille! je ne crois pas que je prive Oreste de son rang. Pour être mon époux, Égiste ne seroit pas roi. Il seroit pour Oreste un père, un défenseur....

ÉLECTRE.

Il seroit son tyran. Ennemi du foible Oreste, peut-être (mon sang se glace à cette pensée), peut-être en deviendroit-il l'assassin? O ma mère, vous confieriez votre fils à celui qui ambitionne son trône? Vous confieriez le petit-fils d'Atrée au fils de Thieste?... Mais, c'est à tort que je franchis, en vous parlant ainsi, les bornes du respect filial. Espérons toutes deux qu'Atride vit encore ; oui, mon cœur me le dit. En le voyant, toute autre flamme sera bannie de votre cœur. Pour moi, fidelle au devoir d'une tendre fille, je vous promets de tenir à jamais renfermé dans mon sein le secret de ma mère.

CLITEMNESTRE.

Malheureuse Clitemnestre ! hélas ! tes discours m'ont fait connoître la vérité. Mais un si foible éclair de raison brille à mes yeux, que je frémis.

FIN DU PREMIER ACTE.

ACTE SECOND.

SCÈNE Ire.

ÉGISTE, CLITEMNESTRE.

EGISTE.

Je te l'ai bien prédit. Plus d'espoir : nous avons tout à craindre. La fortune, les dieux et les vents, sont pour Agamemnon. Il s'avance à pleines voiles vers le port. Et moi, qui tout à l'heure pouvois encore quitter Argos sans te mettre en péril, sans que ta renommée pût en souffrir, il me faut maintenant échapper aux regards du roi; il me faut t'abandonner à sa puissance tyrannique; il me faut fuir (j'ignore dans quels lieux), mais, hélas! loin de toi, et mourir de ma douleur. — Vois où nous a réduits ta crédule espérance!

CLITEMNESTRE.

Quel est ton crime? Pourquoi fuir? pourquoi trembler? C'est bien plutôt à moi.... mais mon cœur seul est coupable, et Atride ne connoît pas mon cœur.

ÉGISTE.

Comment déguiser un véritable amour?
Le nôtre n'a déjà que trop éclaté. Comment
espères-tu que le roi puisse l'ignorer?

CLITEMNESTRE.

Qui osera le lui révéler, avant de savoir si
cette confidence sera récompensée ou punie?
Tu ne connois point les usages de la cour;
on y suppose souvent des crimes imaginaires;
mais les crimes véritables, dont le récit peut
blesser la fierté des rois, ne leur sont point
révélés. — Je ne suis pas exempte de toute
crainte; mais tout espoir non plus n'est pas
banni de mon cœur. Je te demande seulement
(ne me refuse pas Egiste), je te demande
un jour.... un seul jour. Jusqu'ici j'avois
cru le péril éloigné et douteux : je me
trouve aujourd'hui surprise au dépourvu.
Souffre que l'évènement me dicte le parti
qu'il faudra prendre. J'observerai les mouvemens, le visage du roi. Peut-être tu pourrois
demeurer inconnu dans Argos...

ÉGISTE.

En Argos, inconnu! Moi! le fils de Thieste!

CLITEMNESTRE.

Tu peux du moins y rester un jour ignoré,

et un jour me suffit pour me décider. Quoi qu'il arrive, compte à jamais sur ma foi : sache, que plutôt de t'abandonner jamais, je suis résolue d'imiter l'exemple d'Hélène...

ÉGISTE.

Je périrois plutôt mille fois, que de flétrir ton nom. Je ne parle pas du mien, qu'un injuste destin condamne à une éternelle infamie. Ah ! puissé-je être assuré de ne perdre que la vie en restant dans Argos ! Mais que le fils de Thieste attende dans la cour d'Atride et l'insulte, et le mépris !... Que seroit-ce s'il savoit mon amour pour toi ? Je subirois, il est vrai, un trépas desiré, mais infâme. Tu me verrois livré à mille outrages ; tu verrois l'orgueil insultant de ton époux éclater contre toi en reproches amers ; et puisse-t-il s'en tenir à des reproches ! — L'amour m'apprend à connoître la crainte ; je frémis pour toi. Tu dois m'oublier, il en est tems. Je naquis obscur, laisse-moi mourir obscur. Quel qu'il soit, je m'abandonne à mon sort. Je me prescris loin de toi un éternel exil. Rends à ton époux ta tendresse passée. Si l'amour ne l'a pas jugé digne de toi, la fortune et les dieux l'en ont jugé digne.

ACTE II, SCÈNE II.

CLITEMNESTRE.

Dieux, raison, fortune, en vain vous combattez ma flamme! Ou tu accorderas ce jour à ma prière, ou mes discours rendront inutiles tes soins et ta pitié. Parle, ou je cours au-devant de la mort et du déshonneur. Je cours révéler moi-même au cruel Atride ma flamme honteuse, et me perdre avec toi. En vain tu espères séparer mon sort du tien. Si tu fuis, je te suis; si tu péris, je meurs.

ÉGISTE.

O malheureux Egiste!

CLITEMNESTRE.

Réponds; peux-tu refuser un jour à tant de tendresse?

ÉGISTE.

Peux-tu le demander?.... Que dois-je faire?

CLITEMNESTRE.

Me jurer de ne quitter Argos qu'au lever de l'aurore.

ÉGISTE.

Tu l'ordonnes. — Je le jure.

SCÈNE II.

ÉLECTRE, CLITEMNESTRE, ÉGISTE.

ÉLECTRE.

Le ciel est devenu serein ; l'onde et les vents sont appaisés ; l'espoir s'est changé en certitude, et la crainte en allégresse. Déjà les vaisseaux des Grecs touchent au port tant desiré ; déjà, semblables à une épaisse et mobile forêt, les antènes s'élèvent dans les airs. O ma mère ! mon père vit, votre époux vous est rendu. On dit que, le premier, il s'est élancé sur le rivage ; qu'il avance à grands pas vers Argos, et qu'il est presque sous nos murs. Et vous, ma mère, vous êtes encore ici !

CLITEMNESTRE.

Égiste, souviens-toi de ton serment.

ÉLECTRE.

Égiste viendroit-il avec nous à la rencontre du roi ?

CLITEMNESTRE.

Traiter avec amertume un malheureux, c'est une foible gloire, ma fille....

ACTE II, SCÈNE II.

ÉGISTE.

Le nom d'Égiste déplaît trop à Électre : le cœur d'Égiste ne lui est pas encore connu.

ÉLECTRE.

Il lui est plus connu que vous ne pensez. Que ne l'est-il aussi bien de ma mère égarée!

CLITEMNESTRE.

Tu te laisses aveugler par la haine de tes ancêtres ; tu ne sais rien de lui, sinon qu'il est fils de Thieste. Ah! pourquoi refuses-tu d'apprendre combien il est pieux, discret, modeste, digne d'un autre sort et d'un autre père? Rougissant de sa naissance, il alloit tout à l'heure quitter Argos et se soustraire à la vue du triomphant Agamemnon.

ELECTRE.

Que tarde-t-il ? Pourquoi rester ?

EGISTE.

Je reste pour peu de tems encore : rassurez-vous. L'aspect d'un homme qui ne vous hait point et pour lequel vous avez tant d'horreur, dès demain et pour toujours cessera de vous importuner. Je le jurois tout à l'heure à la reine, Électre, et je tiendrai parole.

CLITEMNESTRE (à sa fille.)

Que tu es cruelle ! Tu le vois : il n'oppose à l'aigreur de tes discours, que la douceur, la patience....

ELECTRE.

Je ne suis point venue pour entendre vanter ses rares vertus. Mon devoir m'ordonnoit de vous avertir du retour de mon père, et je venois vous dire que déjà les Grecs de tout rang, de tout âge, sortent en foule à sa rencontre, en poussant des cris de joie. J'aurois déjà couru dans les bras d'un père si desiré, mais devois-je prévenir les pas d'une mère et pouvois-je prodiguer la première les doux embrassemens qui sont dus à un époux ? Que tardez-vous ? Allons. Tout délai est un crime pour nous.

CLITEMNESTRE.

Tu connois l'état douloureux de mon ame, et tu te plais à renouveler sans cesse ses blessures.

ÉLECTRE.

Les dieux savent si je vous aime, ô ma mère ! et si votre douleur me touche ! C'est mon amour, c'est la pitié qui me guide. Voulez-vous que le roi trouve Egiste à vos côtés?

Ce que vous espérez cacher, un délai peut le découvrir. Partons.

ÉGISTE.

Reine, je vous en conjure aussi ; allez: ne vous obstinez pas à vous perdre.

CLITEMNESTRE.

Je tremblerois moins si j'allois à une mort certaine. Cruelle vue ! moment affreux ! Où trouver assez de courage pour ne pas en manquer devant lui ? Il est mon maître.... Et quoique je ne sois criminelle envers lui que par la pensée, je ne puis, non je ne puis le voir du même œil qu'autrefois. Feindre de l'aimer encore.... je ne le veux ni ne le puis.... O jour par moi redouté !

ÉLECTRE.

O jour heureux pour nous ! Je retrouve enfin ma mère. Vous sentez des remords, vous n'êtes plus coupable.

ÉGISTE.

Coupable ! Le fûtes-vous jamais ? Vous crûtes votre époux mort, et, maîtresse de vous-même, vous me destiniez votre main. Qui peut vous en faire un crime ? Si vous ne le dites point, Agamemnon le saura-t-il ?

Non, vous n'êtes point coupable et vous ne devez point trembler de vous présenter devant lui : vous le verrez. Lui-même a cessé de regretter sa fille immolée. Apprenez, par son exemple, à vous rassurer.

ÉLECTRE.

O langue envenimée, tu oses flétrir ainsi le nom d'Atride?... Mais allons, ma mère, et que ce soit là les derniers avis que vous donne ce malfaiteur. Venez.

CLITEMNESTRE.

Tu l'as juré, Egiste; souviens-t-en; tu l'as juré.

ÉGISTE.

Nous n'avons plus qu'un jour.

CLITEMNESTRE.

O ciel! un seul jour!

ÉLECTRE.

Un jour est trop pour un méchant.

SCÈNE III.

ÉGISTE (seul.)

Tu peux, tu peux me haïr, Electre; Egiste

te déteste plus encore, et ma haine, tu l'éprouveras, ne se borne pas à de vaines paroles. Frémis de la haine d'Egiste, elle porte la mort. — Race exécrable ! tu es enfin tombée toute entière dans mes mains. Oh ! que j'avois de regret qu'Atride eût été la proie de l'onde irritée ! Ma vengeance entière, ma vengeance la plus douce m'étoit dérobée par les flots ! Je le sais, ses fils auroient expié par leur sang, le détestable festin d'Atrée; oui, par leur sang; et ta soif, ô Thieste ! s'y fut un instant appaisée. J'aurois du moins exécuté en partie le serment terrible, le serment homicide.... Mais que dis-je ? Le retour du père exempte-t-il les enfans de périr ?.... J'apperçois le cortège de ce roi triomphant. Sortons. Cédons la place à ce peuple follement joyeux. Cette joie sera courte. — Sortons, je suis étranger ici à toute fête qui n'est pas une fête de sang.

SCÈNE IV.

AGAMEMNON, ÉLECTRE, CLITEMNESTRE, SOLDATS, PEUPLE.

AGAMEMNON.

Je revois enfin les murs tant souhaités de

mon Argos ! Je presse enfin cette terre chérie qui m'a vu naître. Fille, épouse, peuple fidèles, et vous Dieux pénates, à qui je rapporte enfin mon hommage, tout ce qui m'entoure est cher à mon cœur. Que puis-je desirer ? que puis-je espérer encore de plus ? Oh ! que deux lustres sont longs et pénibles sur une terre étrangère, et loin de tout ce qu'on aime ! Qu'il est doux de revoir sa patrie, après les travaux d'une guerre sanglante ! Non, ce n'est qu'au milieu des siens qu'on retrouve vraiment la paix. — Mais quoi ! suis-je le seul ici qui se livre à la joie ? Clitemnestre, ma fille, vous vous taisez ! Pourquoi baisser ainsi vers la terre vos yeux incertains, inquiets ? O ciel ! ne partagez-vous pas les transports que j'éprouve à vous serrer encore dans mes bras ?

ÉLECTRE.

O mon père !...

CLITEMNESTRE.

Seigneur :... tant d'évènemens ont signalé cette journée... Tantôt, passant de l'espoir à la crainte, tantôt, de la douleur à une joie inattendue... le cœur résiste difficilement à tant d'épreuves diverses....

ELECTRE.

Nous avons tremblé pour vous jusqu'à ce moment. La renommée, incertaine, publioit sur votre sort mille affreuses nouvelles; et nous étions d'autant plus portés à les croire, que les vents orageux dominoient la mer depuis plus d'un jour. Jugez quelles étoient nos alarmes!.. Nous vous voyons enfin : vous revenez vainqueur de Troye. Retour heureux, et desiré vainement depuis tant d'années! O mon père, laissez-moi, sur cette main, cette même main qui reçut à votre départ mes caresses enfantines, laissez-moi, laissez votre fille adolescente imprimer des baisers plus ardens. O mains qui firent trembler l'Asie! vous ne dédaignez point l'hommage d'une simple et tendre fille. Ah, non! j'en ai l'assurance; des rois soumis, des provinces conquises, ne valent pas, pour un bon père, le bonheur de serrer dans ses bras ses enfans grandis pendant son absence, et toujours aussi tendres que chéris!

AGAMEMNON.

Oui, ma fille, oui, mes enfans me sont plus chers que ma gloire. Que ne suis-je aussi heureux père, aussi heureux époux qu'heureux guerrier, que fortuné souverain!.. Je ne me plains point de vous, c'est de moi, c'est de mon sort que je me plains. Le ciel m'a privé d'une fille. Elle seule manque au bonheur que mon retour me fait éprouver. Le ciel ne l'a pas voulu, et je dois oublier ce funeste évènement. — Toi seule me restas, Électre; toi seule, pendant ma longue absence, restois à ta plaintive et malheureuse mère! Tendre fille, compagne fidelle, seul appui dans son malheur, ô comme tu as partagé ses ennuis, ses pleurs et ses longues alarmes! Que de jours, que de nuits donnés à mon souvenir! Et moi, moi, au milieu des camps et de l'appareil militaire, moi, au milieu des lauriers, au sein des combats, dans les champs de la mort, j'avois, oui, j'avois toujours présens à l'esprit votre image, vos craintes, vos larmes, votre incertitude, et l'ignorance où vous étiez de mon sort! Que de fois, renfermé dans ma tente, j'ai versé en secret des pleurs, que j'étois forcé de cacher à mes soldats! Mais ces pleurs enfin sont taris. Clitemnestre est la seule, qu'à sa tristesse, à ses yeux abattus, j'aie peine à reconnoître.

CLITEMNESTRE.

Moi, triste?...

ACTE II, SCÈNE IV.

ÉLECTRE.

Ah! l'excès de la joie souvent nous accable autant que l'excès de la douleur. Laissez ma mère reprendre ses esprits. Elle vous parle bien moins que moi, parce qu'elle a plus à vous dire.

AGAMEMNON.

Elle ne m'a point encore parlé d'Oreste.

CLITEMNESTRE.

D'Oreste?..

ÉLECTRE.

Ah! mon père, venez le presser dans vos bras.

AGAMEMNON.

Oreste! seul espoir de mon orgueil, seul héritier de mon trône! Oreste! mon unique soutien, avant de t'avoir serré mille fois contre mon cœur, je ne veux pas donner à mes membres fatigués un seul instant de repos. Allons, Clitemnestre, allons l'embrasser. Mais, dis-moi, ce fils chéri dont tu ne me parles pas, et dont pourtant tu es la mère; ce fils, qu'en partant je laissois, malgré moi, pleurant dans son berceau... dis-moi, ce fils est-il déjà grand? Que fait-il? A-t-il les traits de son père? A-t-il du penchant à la vertu? Au seul nom de la gloire, à la vue d'une épée, voit-on ses yeux briller d'une noble ardeur et d'une heureuse impatience?

CLITEMNESTRE.

Je ne puis plus retenir mes larmes...

ÉLECTRE.

Ah! venez, mon père, vous le verrez. Oreste est votre image. Je ne l'ai point quitté depuis votre départ. Heureux âge! souvent, nous entendant parler de vous, il s'écrioit: « Quand verrai-je, quand verrai-je mon » père? » Puis, entendant parler de Troye, d'armes et d'ennemis, il vouloit, quoiqu'enfant, courir, s'armer, affronter les périls pour votre défense.

AGAMEMNON.

Ah! c'en est assez, volons. Chaque instant que je tarde à le revoir, est un supplice pour mon cœur.

FIN DU SECOND ACTE.

ACTE TROISIÈME.

SCÈNE Iʳᵉ.

AGAMEMNON, ÉLECTRE.

AGAMEMNON.

Suis-je de retour parmi les miens? ou suis-je au milieu d'ennemis nouveaux? Ah! Electre, tire ton père d'un doute cruel. Quel est ce nouvel accueil qu'on me fait dans ma cour? Suis je devenu presqu'étranger à la reine? N'a-t-elle pas encore eu le tems de reprendre ses sens? Discours, actions, regards, tout peint en elle la défiance et l'artifice. Suis-je donc devenu si redoutable pour elle, que je ne puisse éveiller dans son ame d'autre sentiment que la terreur? Que sont devenus ses chastes embrassemens, ses entretiens simples et doux? Ah! dis-moi ces témoignages multipliés d'un amour non équivoque, qui me rendirent mon départ si pénible, mes espérances si flatteuses, mon retour si desiré; dis-moi, pourquoi ne les trouvé-je pas tous multipliés encore en elle ? Pourquoi ne les y trouvé-je plus ?

ELECTRE.

Père, roi, vous rassemblez des titres qui n'inspirent pas moins pour vous de respect que d'amour. Votre épouse vécut deux lustres, livrée à une douleur mortelle. Un jour est bien peu pour lui faire oublier ses longues souffrances. Son silence...

AGAMEMNON.

Ah ! son silence m'a moins surpris d'abord que ses accens étudiés ne m'étonnent à présent. Qu'on déguise mal une sensation profonde sous de pompeuses paroles ! Il est un silence, ouvrage de l'amour, un silence qui exprime tout, et dit plus qu'on ne pourroit dire ; il est des paroles qui donnent seules le secret de notre ame ; mais ni son silence, ni ses paroles n'ont été dictés par l'amour. Que me sert aujourd'hui la gloire dont je reviens couvert ? Que m'importent ces lauriers cueillis au milieu de tant de périls, de tant d'angoisses, de tant de travaux, si je les ai achetés aux dépens du premier des biens, aux dépens de la paix de mon cœur ?

ÉLECTRE.

Ah! bannissez une telle pensée! Autant qu'il dépendra de la reine et de moi, vous jouirez au milieu de nous d'une paix parfaite.

AGAMEMNON.

Pourquoi donc se montrer tour-à-tour si différente d'elle-même? Dis-moi, l'as-tu regardée au moment où elle a mis Oreste entre mes bras? As-tu vu, tandis que presque hors de moi, je ne pouvois me lasser de prodiguer mes caresses à l'enfant, as-tu vu qu'elle ait partagé ma joie paternelle? Eût-on dit qu'Oreste fût son fils, comme il est le mien? Oreste, notre commune espérance, le dernier gage de notre amour! — Ou je me trompe, ou sa joie n'avoit point un caractère de vérité. Ce n'étoit point là les mouvemens d'une ame maternelle, les transports d'une tendre épouse.

ÉLECTRE.

Depuis long-tems, il est trop vrai, elle n'est que trop changée. Elle n'a pas eu un seul moment de joie depuis le jour funeste où vous fûtes, ô mon père! contraint de sacrifier votre fille au salut commun. Que ne faut-il pas au cœur d'une mère pour guérir une telle blessure ! Deux lustres sont écoulés, et elle n'a pu encore oublier l'artifice cruel, mais pourtant dicté par la pitié, l'artifice nécessaire dont vous vous servîtes pour arracher sa fille de son sein.

AGAMEMNON.

Malheureux ! comme s'il ne suffisoit pas pour mon supplice de m'en ressouvenir ! Etois-je moins à plaindre qu'elle dans ce funeste jour ? Etois-je moins père que Clitemnestre n'étoit mère ? Mais pouvois-je seul soustraire la victime aux cris séditieux, au tumulte, aux menaces de tant de soldats, dont un oracle cruel alimentoit si fortement la rage et l'audace ? Qu'eussé-je fait seul contre tant de rois avides de gloire et de vengeance, tous à l'envi jaloux de mon autorité ? Les barbares! ils entendirent les plaintes d'un père, mais ils ne me plaignirent point. <u>La voix des dieux irrités fait taire la voix de la nature.</u> L'innocence crie en vain ; on n'écoute que les dieux.

ELECTRE.

Ah ! mon père, ne troublez point par d'amers souvenirs le jour heureux de votre retour. Si je vous les ai rappelés, c'étoit pour diminuer l'étonnement bien naturel que vous causoit l'air agité de ma mère. Ajoutez à sa douleur passée, la douleur de se voir ensuite livrée à elle-même, de n'avoir, dans ses deux enfans, l'un trop jeune encore, l'autre peu propre à la consoler, personne à qui confier ses peines. Vous le savez, le chagrin qu'on renferme en devient plus amer; la solitude éteint la joie, et le malheur s'y crée des fantômes. Puis, vous attendre si long-tems en vain! puis, trembler chaque jour pour vous!.. Ah! comment pourriez-vous ne la pas trouver changée? O mon père! excusez sa juste émotion; bannissez toute pensée affligeante. Votre aspect dissipera bientôt sa douleur. Oui, croyez-moi, mon père, vous réveillerez bientôt en elle la tendresse, la confiance et l'amour.

AGAMEMNON.

J'ai besoin de l'espérer. Oh! quelle douceur pour moi si elle m'ouvroit son cœur et m'en apprenoit tous les secrets! — Mais dis-moi cependant, que vient chercher le fils de Thieste dans les lieux soumis à mon empire? Qu'y fait-il? qu'y attend-t-il? Ce n'est qu'ici que j'ai appris qu'il y fût, et chacun paroissoit trembler en prononçant son nom.

ELECTRE.

Faut-il vous en étonner? Il est le fils de Thieste, et vous êtes le fils d'Atrée. Egiste exilé par ses frères, devenus ses ennemis, est venu chercher un asile dans cette cour.

AGAMEMNON.

Les haines fraternelles sont héréditaires dans sa race. C'est l'effet sans doute des vœux d'Atrée ou du courroux des dieux. Mais qu'Egiste cherche un asile auprès du fils de ce même Atrée, c'est ce qui ne peut trop me surprendre. N'a-t-il pas jadis reçu la défense de jamais se présenter devant moi?.. Je veux le voir, l'entendre; je veux connoître ses malheurs et ses desseins.

ÉLECTRE.

O mon père! il n'est pas douteux qu'Egiste ne soit malheureux. Mais vous qui d'un regard savez lire dans les cœurs, vous jugerez vous-même s'il a mérité de l'être.

AGAMEMNON.

Le voilà qui s'avance. — Qui sait si ce noble maintien cache un cœur vil ou généreux?

SCÈNE II.

AGAMEMNON, ÉLECTRE, ÉGISTE.

EGISTE.

Puis-je me présenter sans crainte devant l'illustre vainqueur de Troye, devant le roi des rois? L'éclat, la majesté d'un dieu brillent sur ton front terrible... terrible, mais non pas sans pitié, et les dieux ont souvent du haut de leur trône regardé avec compassion les malheureux. Egiste l'est : Egiste en proie aux coups du sort, a les mêmes aïeux que toi ; un même sang coule dans nos veines. Voilà ce qui m'a fait oser me présenter dans ces lieux : j'y cherche, non des secours, mais un asile où je sois à couvert contre mes cruels ennemis qui, hélas ! sont mes frères.

AGAMEMNON.

Tu me fais frémir en me rappelant notre race commune. Puissions-nous plutôt l'oublier à jamais ! Que les fils de Thieste se détestent entr'eux, c'est là l'ordre du destin. Mais pourquoi choisir la cour d'Atrée pour asile ? Egiste, tu m'as été jusqu'à présent, et tu m'es encore inconnu. Je ne t'aime ni te hais. Cependant, malgré mes efforts pour oublier les haines de nos pères, je ne puis sans agitation, ni te regarder ni entendre ta voix. C'est la voix du fils de Thieste.

ÉGISTE.

Je savois avant de l'apprendre du magnanime Atride, je savois qu'il ne veut ni ne peut haïr. Une passion vile ne naît point dans un cœur généreux. Tu imites la valeur de tes aïeux, non leur haine funeste. Tu saurois punir... ou pardonner une offense. Mais celui qui ne t'a jamais offensé, mais un malheureux tel que moi, fût-il Troyen, a des droits à ta pitié. Ce n'est pas au hasard que la Grèce te nomma chef d'une haute entreprise. Mais ta bonté, ta valeur, ta justice, ta foi, t'avoient fait regarder comme le plus grand des monarques. Tel je te juge encore, et je ne me crus jamais plus en sûreté qu'à l'ombre de ta gloire. Oublie que je naquis fils de Thieste ; ne vois en moi que le fils du malheur. Pour moi, j'ai pensé que mes malheurs pouvoient avoir effacé la tache de ma naissance ; et, si tu devois frémir au nom d'Egiste, je me suis flatté que les titres d'infortuné, de banni, d'opprimé, de fugitif exciteroient en ma faveur ta pitié noble et généreuse.

AGAMEMNON.

Et tu peux desirer et souffrir ma pitié !

ÉGISTE.

Et qui suis-je pour mépriser tes dons ?

AGAMEMNON.

Toi ? Tu es né du plus mortel ennemi de mon père. Tu me hais, et tu dois me haïr; je ne puis t'en blâmer. Nos pères nous ont éternellement séparés, nous, nos fils et nos derniers neveux. Tu le sais, l'impie Thieste déshonora, ravit l'épouse d'Atrée. Atrée, après avoir égorgé les fils de Thieste, en fit un festin à leur père. Que sais-je ? histoire sanglante, à qui vais-je te rappeler ? Mon sang se glace. Je vois en toi Thieste et ses fureurs; peux-tu, toi, me voir avec d'autres yeux ? Ne te représenté-je pas l'image vivante du sanguinaire Atrée ? Peux-tu rester dans ces murs, teints du sang de tes frères, sans que le tien bouillonne dans tes veines ?

ÉGISTE.

Il est vrai, la vengeance d'Atrée fut affreuse; mais elle fut juste. Ces fils, dont on fit à Thieste un festin, étoient nés de l'inceste. Thieste en étoit le père, sans doute, mais ils étoient les fruits de son amour clandestin pour l'infidelle épouse d'Atrée. Atrée offensé ne s'étoit pas vengé jusqu'alors; l'outrage étoit grand; il mesura la peine à l'outrage. Ils étoient frères, je le sais, mais Atrée ne l'oublia qu'après que Thieste l'eût oublié. Le courroux des dieux s'étend encore sur moi. Ta race, moins coupable que la mienne, est comblée de biens. Thieste m'a donné d'autres frères qui ne sont point comme moi nés de l'inceste. Je n'ai jamais ravi leurs épouses, et cependant ils sont plus cruels envers moi qu'Atrée. Ils m'ont enlevé le trône et l'héritage de mes pères, et, non contens de mes dépouilles, ils veulent encore m'ôter la vie. Vois si c'est à tort que je fuis.

AGAMEMNON.

Non, mais c'est à tort que tu fuis en ma cour.

EGISTE.

Dans quelque lieu que je porte mes pas, je traîne la honte de ma naissance et du nom paternel, je le sais; mais où puis-je moins rougir de prononcer le nom de Thieste que devant le fils d'Atrée ? Toi-même, si tu n'étois pas chargé de gloire, toi-même, si **tu étois aussi malheureux qu'Egiste**, tu sentirois qu'il n'est pas moins pénible, qu'il n'est pas moins affreux d'être le fils d'Atrée que le fils de Thieste. Prends donc part à mes infortunes, et qu'Atride fasse pour moi ce qu'il voudroit qu'on fît pour lui s'il étoit Égiste.

AGAMEMNON.

Moi, Egiste ?... Sache qu'en quelqu'état que le sort m'eût réduit ; jamais, jamais la demeure d'Atrée n'eût été choisie par moi pour asile.—Je ne sais quelle voix secrète me défend de t'écouter, et ferme mon cœur à la pitié. — Cependant puisque tu implores cette pitié, et que je n'ai pas coutume de la refuser, j'emploierai tout ce que mon nom et mon crédit parmi les Grecs me donnent de pouvoir, pour te rendre tes droits au trône de tes pères. Mais fuis, loin d'Argos ; ta présence troubleroit la paix de mes jours et le repos de mes nuits. Un même lieu ne peut porter les fils d'Atrée et de Thieste. Tous deux aux extrémités de la Grèce, peut-être serons-nous encore trop voisins l'un de l'autre.

EGISTE.

Ainsi donc tu me chasses?.... Et que me reproches-tu?

AGAMEMNON.

Ton père.

EGISTE.

Est-ce assez?

AGAMEMNON.

C'en est trop. Fuis. Que le soleil à son lever ne te retrouve plus dans mes états. Comptes sur mes secours, dès que j'apprendrai que tu es loin d'Argos.

SCÈNE III.

AGAMEMNON, ÉLECTRE.

AGAMEMNON.

Le croirois-tu, Electre? J'éprouvois à sa vue je ne sais quelle terreur que je n'ai jamais éprouvée.

ELECTRE.

Vous avez fait sagement de l'éloigner, mon père. Je ne le vois pas non plus sans frémir.

AGAMEMNON.

La cruauté de nos pères a gravé dans nos

cœurs en caractères de sang, une haine réciproque. La raison peut bien la modérer en moi, mais rien ne peut jamais l'éteindre.

SCÈNE IV.

CLITEMNESTRE, AGAMEMNON, ÉLECTRE.

CLITEMNESTRE.

Seigneur, pourquoi tarder encore à vous rendre à l'impatience de votre peuple ? Déjà l'encens fume sur les autels sacrés ; les chemins qui conduisent au temple sont jonchés de fleurs, et couverts d'une foule innombrable qui fait retentir les airs du nom d'Agamemnon.

AGAMEMNON.

J'aurois déjà satisfait et mon peuple et moi-même, si je n'avois été plus que je ne voulois retenu dans ce lieu par Egiste.

CLITEMNESTRE.

Egiste ?

AGAMEMNON.

Egiste, lui-même. Dis-moi maintenant ; pourquoi n'ai-je pas appris de toi, qu'il étoit dans Argos ?

ÉLECTRE.

Seigneur, au milieu de tant d'autres soins...
Je n'ai pas cru qu'il pût donner lieu....

AGAMEMNON.

Egiste n'est rien par lui-même, il est vrai ; mais il naquit, tu le sais, d'un sang fatal au mien. J'aime à croire qu'il n'est point venu dans le dessein de me nuire (en auroit-il le pouvoir ?); mais enfin, tandis qu'on célèbre mon retour dans Argos, sa présence ne peut que me déplaire. Je lui ai commandé de partir à la naissance du jour. — Cependant que la joie règne en ces lieux! Je vais au temple, Clitemnestre, prier les dieux de nous être toujours favorables. Ah! Que je voie encore le sourire sur tes lèvres; ce sourire fut jadis l'augure de mon bonheur, et mon bonheur ne peut revenir qu'avec lui.

―――――

SCÈNE V.

ÉLECTRE, CLITEMNESTRE.

ÉLECTRE.

Vous le voyez; quel bon roi! quel bon époux!

ACTE III, SCÈNE V.

CLITEMNESTRE.

Ah! malheureuse! je suis perdue. Tu m'as trahie, Electre. C'est donc ainsi que tu as gardé ta foi? Tu as révélé au roi la présence d'Egiste. D'où sauroit-il?....

ÉLECTRE.

Je n'ai pas même prononcé son nom, je vous le jure. Un autre avoit instruit mon père. Chacun recherche, par mille moyens, la faveur du roi ; chacun veut se rendre utile auprès de lui. Ne vous étonnez donc pas qu'on lui ait appris qu'Egiste....

CLITEMNESTRE.

Que lui reproche-t-il? De quoi le soupçonne-t-il? As-tu entendu leur entretien? Pourquoi l'exile-t-il? Que répondoit Egiste? Atride a-t-il parlé de moi?

ÉLECTRE.

Rassurez-vous, ma mère. Nul soupçon n'agite le cœur d'Atride; il n'imagine pas que vous puissiez le trahir; et sa sécurité doit vous rendre à vous-même. Il n'a point traité Egiste en ennemi.

CLITEMNESTRE.

Il l'exile cependant.

ELECTRE.

Que vous êtes heureuse ! Il vous arrache au précipice où vous couriez ?

CLITEMNESTRE.

Il partira !

ÉLECTRE.

Son départ ensevelit votre secret dans l'oubli. Vous possédez encore tout le cœur de votre époux. Il ne desire que votre amour. D'infâmes délateurs n'ont point encore versé dans son sein le poison de la jalousie. Son ame est calme. Mais, malheur à vous, si des flatteurs iniques et mercenaires voient s'altérer entre vous deux, l'amour, la paix, la confiance ! Bientôt ils raconteroient au roi... Ah ! ma mère, ayez pitié de vous, de nous, et d'Egiste lui-même. Qu'il parte, et se dérobe à la colère du roi.

CLITEMNESTRE.

Si je perds Egiste, que me reste-t-il à craindre ?

ELECTRE.

Le déshonneur.

CLITEMNESTRE.

O ciel !... Laisse-moi désormais à mon cruel destin.

ACTE III, SCÈNE V.

ÉLECTRE.

Non, non. Qu'espérez-vous ?.. Que ferez-vous ?

CLITEMNESTRE.

Laisse-moi, fille innocente d'une coupable mère. Tu ne m'entendras plus prononcer devant toi le nom d'Egiste. Je ne veux point ta honte. Je ne dois point intéresser ma malheureuse fille à ma flamme criminelle.

ÉLECTRE.

Ah! ma mère!

CLITEMNESTRE.

Laisse-moi seule avec mes pensées, seule avec le funeste amour qui me dévore ; laisse-moi, je te l'ordonne.

SCÈNE VI.

ÉLECTRE (seule.)

Malheureuse Electre! Plus malheureuse mère !... quel horrible nuage est répandu sur nous! O grands Dieux! que deviendrons-nous, si vous ne le dissipez ?

FIN DU TROISIÈME ACTE.

ACTE QUATRIÈME.

SCÈNE Ire.

ÉGISTE, CLITEMNESTRE.

EGISTE.

C'est ici, Clitemnestre, notre éternel adieu. Malheureux ! j'ai voulu partir librement : maintenant on me chasse... Mais en restant, je t'ai obéi ; je ne m'en repens point. Quelque grand que soit mon outrage, tu m'as ordonné de le supporter, je le chéris. Le seul, le seul chagrin que j'aie, c'est de t'abandonner, et de perdre l'espoir de te revoir jamais.

CLITEMNESTRE.

Egiste, accable-moi de reproches, je les mérite ; et, si tu ne t'en permets aucun, ta douleur, ton affreuse destinée n'en déchirent pas moins mon cœur. Tu endures un outrage pour moi ! et moi, je suis prête à tout affronter pour toi ; les outrages, la mort, et jusqu'à l'infamie. Il est tems, il est tems de me faire connoître.—Moi, que je t'abandonne ! Jamais ! tant que je respirerai....

EGISTE.

Veux-tu donc te perdre avec moi ? Que peux-tu faire de plus ? Ah! cesse d'affronter le pouvoir absolu d'un tyran. Tu le sais : sa force fait son droit, et il n'en reconnoît point d'autres.

CLITEMNESTRE.

Si l'on ne peut l'affronter, on peut le tromper du moins. Risquons cette entreprise. Il a fixé ton départ au jour naissant : au jour naissant, Egiste, je te suis.

EGISTE.

O ciel! que dis-tu ? Tu me fais frémir. Plus ton amour m'est cher, plus ton honneur... Non, je ne le dois point, je ne le veux point souffrir. Un jour viendroit bientôt, oui, un jour affreux viendroit où toi-même m'accuserois d'être la cause de ton infamie. Plutôt mille fois l'exil, la mort même (qui d'ailleurs m'atteindra bientôt loin de toi), que de m'exposer à un pareil reproche !

CLITEMNESTRE.

Toi seule m'attache à la vie, et tu veux que je t'accuses jamais d'être la cause de mon déshonneur ! Ah! tu me plonges un poignard dans le sein, si tu persistes à m'abandonner

EGISTE.

Dis plutôt, si je consens à ta fuite. Hélas ! en supposant cette fuite possible, qui jamais, dis-moi, pourra nous soustraire au terrible courroux d'Atride ? Quel asile, quelle défense opposer à son bras vengeur ? Hélène fut enlevée ; le fils d'un roi puissant l'emmena au sein de son royaume ! Que servirent néanmoins au ravisseur son audace, ses armes, ses murs et ses tours ? A force ouverte, au milieu de sa cour, sous les yeux de son père, jusqu'aux pieds des autels, malgré les cris, les pleurs, le sang et les menaces des siens, ne lui ravit-on pas sa proie, son royaume et le jour ? Que ferai-je, moi, sans secours, errant et fugitif ? Tu le vois : ton dessein est insensé. Tu aurois la honte d'une fuite ignominieuse, et tentée sans fruit. Et moi, qui t'aurois aussitôt perdue que possédée, je subirois le déshonneur, et la peine due à un ravisseur. Tel est le sort qui nous attend, si tu t'obstines à me suivre.

CLITEMNESTRE.

Tu n'apperçois que les obstacles. Le véritable amour en connût-il jamais ?

EGISTE.

Jamais un véritable amant traîna-t-il son amante à une ruine certaine ? Laisse-moi, laisse-moi seul affronter le péril, et tu verras alors si je connois des obstacles, et si j'en suis effrayé ! Je vois que tu méprises ta vie ; je vois que ton amour t'est plus cher que ta renommée... Hélas ! tu m'aimes plus que je ne le mérite. Ah ! si je pouvois te guérir de cet amour, le ciel sait que rien ne me coûteroit... Oui... je suis capable de tout, de tout,.. hors de cesser de t'aimer. Mais le puis-je ?.. Je ne puis que mourir, et je le desire. — Si pourtant je dois voir ton honneur et ta vie exposés pour moi à un péril manifeste, embrassons du moins un parti moins douteux.

CLITEMNESTRE.

Moins douteux ! En est-il ?

ÉGISTE.

Partir.... te fuir... mourir, c'est le seul qui me reste. Pour toi, loin de moi, sans espoir de jamais me revoir, tu m'auras bientôt banni de ton cœur : ton amour pour le grand Atride renaîtra avec plus d'ardeur : tu passeras encore des jours heureux à ses côtés.... Je le souhaite du moins!... Je pars, c'est la plus forte preuve que je puisse te donner de mon amour. Elle est cruelle, affreuse...et sera la dernière.

CLITEMNESTRE.

Mourons donc, puisqu'il nous faut mourir... Mais quoi! ne pouvons-nous recourir encore à quelqu'autre parti?

ÉGISTE.

Il n'en est qu'un... mais affreux...

CLITEMNESTRE.

Lequel?

ÉGISTE.

Barbare!

CLITEMNESTRE.

Mais certain?

ÉGISTE.

Ah! trop certain.

CLITEMNESTRE.

Et tu le tais?

ÉGISTE.

Et toi! tu le demandes?

CLITEMNESTRE.

Quel est-il? je l'ignore; parle. Je me suis trop avancée pour reculer. Peut-être Atride

ACTE IV, SCÈNE I.

me soupçonne déjà; peut-être a-t-il déjà le droit de me mépriser. Je suis donc déjà contrainte à le haïr. Je ne puis plus me placer à ses côtés, je ne le veux plus, je ne l'ose plus... Egiste, ah! par pitié, enseigne-moi un moyen quel qu'il soit, de me soustraire à lui pour toujours.

ÉGISTE.

Te soustraire à lui! Je te l'ai déjà dit, la chose est impossible.

CLITEMNESTRE.

Que me reste-t-il donc à tenter?

ÉGISTE.

Rien.

CLITEMNESTRE.

Je t'entends... Oh! quel horrible trait de lumière vient de m'éclairer? Oh! comme mon sang bouillonne dans mes veines!.... Je t'entends; ce parti cruel... le seul qui nous reste... c'est la mort d'Atride.

ÉGISTE.

Je me tais...

CLITEMNESTRE.

Mais ton silence parle.

ÉGISTE.

Non, et je te le défends... J'en conviens;

sa vie est le seul obstacle à notre amour, le seul obstacle à ta vie (je ne te parle pas de la mienne;) mais enfin, la vie de ton époux est sacrée pour toi; tu dois l'aimer, la respecter, la défendre.... moi seul je dois la redouter. — C'en est assez; l'heure s'avance : ce long entretien pourroit éveiller le soupçon.... Adieu... reçois le dernier adieu... d'Egiste.

CLITEMNESTRE.

Ah! écoute-moi... Atride... le seul obstacle à notre amour... à ta vie... Oui, voilà le seul... Il est trop vrai, sa vie est notre mort.

ÉGISTE.

Ah! ne tiens pas compte de mes discours; l'amour me les inspire.

CLITEMNESTRE.

Et l'amour me les fait entendre.

ÉGISTE.

Ton ame n'est pas saisie d'horreur?

CLITEMNETRE.

D'horreur!... oui.... mais t'abandonner...

EGISTE.

Et tu aurois assez de courage pour

ACTE IV, SCÈNE I.

CLITEMNESTRE.

J'ai assez d'amour pour ne rien craindre.

EGISTE.

Le roi est entouré des siens. Quelle main, quel fer pourroit arriver jusqu'à son cœur ?

CLITEMNESTRE.

Quelle main ?... quel fer ?...

EGISTE.

Tu le vois; nous employerions en vain la force ouverte.

CLITEMNESTRE.

Mais... la trahison... Cependant...

EGISTE.

Il est vrai; Atride ne mérite point d'être trahi; lui qui aime tant son épouse, lui qui, sous le nom d'esclave troyenne, amène ici Cassandre, dont il est l'amant et l'esclave lui-même, oui...

CLITEMNESTRE.

Qu'entends-je?

ÉGISTE.

Attends néanmoins que, fatigué de toi, il partage avec elle son empire et son lit; attends que la honte suive la perte de ton pouvoir, et seule ne t'irrite point de ce qui fait frémir tout Argos de courroux.

CLITEMNESTRE.

Faire de Cassandre ma rivale !

ÉGISTE.

Atride le veut.

CLITEMNESTRE.

Qu'Atride périsse.

EGISTE.

Mais comment ? de quelle main ?

CLITEMNESTRE.

De la mienne. Cette nuit, je le frappe sur ce même lit, où il veut faire entrer une esclave abhorrée.

ÉGISTE.

O ciel ! Mais songe...

CLITEMNESTRE.

Le dessein en est pris.

EGISTE.

Mais si tu te repens...

CLITEMNESTRE.

Je me repens, mais d'avoir trop tardé.

EGISTE.

Cependant...

CLITEMNESTRE.

Je le veux, même en dépit de toi. Dois-je livrer à une mort cruelle le seul être digne de mon affection? Dois-je laisser vivre un traître qui méprise mon amour? Non. Demain, je te le jure, tu seras roi d'Argos. Ma main ni mon cœur ne trembleront point.... Mais quelqu'un vient?

ÉGISTE.

C'est Électre.

CLITEMNESTRE.

O ciel! Fuyons-la, et compte sur ma foi.

SCÈNE II.

ELECTRE (seule.)

Égiste me fuit; il a raison. Mais je vois ma mère se dérober aussi à mes regards. Malheureuse mère! Elle n'a pu résister au coupable desir de revoir Egiste une dernière fois... Ils ont parlé long-tems ici ensemble. Mais pour un exilé, Égiste me semble bien rassuré, bien téméraire... Clitemnestre m'a

paru troublée; son trouble annonce moins de douleur que de colère et de rage......
O ciel! Qui sait jusqu'où les infâmes artifices du barbare auront su l'égarer? Qui sait à quels excès il aura su peut-être la résoudre?... Oh! quelles doivent être mes alarmes! Oh! que de crimes, et quels crimes je prévois!.... Mais si je parle, j'assassine ma mère... Et si je me tais...

SCÈNE III.

ÉLECTRE, AGAMEMNON.

ÉLECTRE.

O mon père! dites-moi, avez-vous vu Clitemnestre?

AGAMEMNON.

Je croyois la trouver ici; mais elle va sans doute s'y rendre.

ÉLECTRE.

Je le desire beaucoup.

AGAMEMNON.

Je l'attends. Elle sait que je veux ici l'entretenir.

ACTE IV, SCÈNE III.

ÉLECTRE.

O mon père ! Egiste est encore dans Argos.

AGAMEMNON.

Tu sais que je lui ai accordé un jour. Il va finir. Demain Égiste s'éloigne de nous pour toujours..... Mais quelle pensée, ma fille, vient te troubler ainsi ? Tu jettes autour de toi des regards inquiets... Tu pâlis ! Qu'as-tu ? Tu veux parler d'Egiste, puis tu te tais....

ÉLECTRE.

Je voudrois voir Egiste loin de nous, et je ne sais pourquoi. Croyez-moi, une nuit est bien longue pour un homme qui n'attend peut-être pour vous nuire qu'un instant et un lieu favorable. La nuit couvre toujours les crimes de son ombre. O mon père ! avant que le soleil ne reparoisse sur vos états, ordonnez, je vous en conjure, qu'Egiste sorte d'Argos.

AGAMEMNON.

Que dis-tu, ma fille ? Égiste est donc mon ennemi ? Tu le sais ? Un complot s'ourdit donc contre moi ?

ÉLECTRE.

Je l'ignore... Cependant... Non, je ne le

crois point... Mais il est fils de Thieste. Un cruel et funeste présage m'effraie sans que je puisse m'en rendre compte. Ma crainte est peut-être sans fondement ; mais enfin Egiste en est l'objet. Mon père, croyez-moi, ne méprisez point un tel ennemi. Que j'aie ou non des motifs pour vous donner cet avis, daignez m'écouter. Moi, je retourne auprès de mon cher Oreste ; je ne veux jamais le quitter. Pour vous, mon père, je vous le dis encore, plus vous vous hâterez d'éloigner Egiste, plutôt nous jouirons avec sécurité de la paix domestique.

SCÈNE IV.

AGAMEMNON (seul.)

Implacable courroux d'Atrée ! Héritage transmis avec le sang à ses neveux !.... Comme ils frémissent au seul nom de Thieste ! Mais quoi! si le vainqueur de Troye frémit lui-même à la vue d'Egiste, faut-il s'étonner qu'une jeune fille soit émue et tremble à son aspect ?.... Quelque trame qu'il ourdisse, je puis d'un seul signe de tête anéantir ses complots et lui-même. Mais un simple soupçon doit-il me rendre cruel ? Ce seroit une lâcheté que de hâter de quelques heures l'exil auquel je l'ai condamné. Si je tremble enfin, est-ce sa faute, et doit-il en être puni ?

SCÈNE V.

AGAMEMNON, CLITEMNESTRE.

AGAMEMNON.

Viens, Clitemnestre, viens, toi seule peux me tirer d'un doute affreux qu'Électre a fait naître dans mon cœur.

CLITEMNESTRE.

Electre?.. Un doute? Que t'a-t-elle dit?.. O ciel!... Elle vous aime, et dans ce jour elle cherche à vous alarmer par de faux soupçons!... Eh bien ! quel est ce doute ?

AGAMEMNON.

Egiste...

CLITEMNESTRE.

Qu'entends-je ?

AGAMEMNON.

Egiste, dont je ne t'ai point encore entendu parler, Egiste inquiète, alarme le cœur d'Electre.

CLITEMNESTRE.

Et ne l'avez-vous pas exilé ? Que peut en redouter Electre ?

AGAMEMNON.

Ah ! tu n'es pas comme nous du sang d'Atrée. Quel autre que nous peut concevoir l'horreur que la race de Thieste inspire à notre race ? Cependant je ne cède point assez aux terreurs d'une fille timide, pour rien changer aux ordres que j'ai donnés. Egiste sortira d'Argos, il suffit, et nulle crainte à ce sujet n'agitera désormais mon cœur... Mais il est tems enfin, ô chère Clitemnestre ! que tu m'apprennes le motif du chagrin profond qui te presse et que je lis, malgré toi, sur ton visage. Si tu le caches à ton époux, à qui donc le confieras-tu ? Suis-je la cause de tes pleurs ? Qui, mieux que moi, peut les sécher, les expier, ou en verser avec toi ?....O ciel ! tu te tais ! Tes yeux sont fixés vers la terre, immobiles et baignés de larmes.... Dieux ! Electre m'a donc dit la vérité ?

CLITEMNESTRE.

La vérité !.... Electre !.... Elle vous a parlé de moi ?... Vous la croyez ?....

AGAMEMNON.

Oui, elle t'a trahie. Elle m'a appris la source de ta douleur....

CLITEMNESTRE.

O ciel!.... Elle vous auroit peut-être fait douter de ma foi! Ah! je le vois, Electre ne m'a jamais beaucoup aimée.

AGAMEMNON.

Tu te trompes; elle m'a parlé de sa mère, en fille tendre et respectueuse. Sans cela, l'eussé-je écoutée ?

CLITEMNESTRE

Et que vous a-t-elle dit ?

AGAMEMNON.

Ce que toi-même aurois dû m'avouer sans honte. Elle m'a dit que tu ne pouvois me pardonner encore le trépas de ma fille.

CLITEMNESTRE.

D'Iphigénie ? (à part.) Je respire. — Il est vrai que ce jour funeste me sera toujours....

AGAMEMNON.

Que puis-je dire, que tu ne saches aussi bien que moi? Je trouve dans tous les cœurs, excepté dans le tien, la pitié due à mon infortune : mais si ta douleur maternelle a besoin pour être adoucie d'éclater en sanglots, en reproches amers, que ne me les adresses-tu librement ? Je les supporterai tous, sans pourtant les avoir mérités. Mais plutôt, pourquoi ne pleures-tu pas avec moi ? Dédaignes-tu mes larmes ? Tu sais si le souvenir de ma fille est fait pour m'en arracher !.... Ah! quand tu me haïrois, Clitemnestre, dis-le moi. Oui, je préfère ton courroux déclaré à une tendresse que tu ne ressentirois point.

CLITEMNESTRE.

Ne seroit-ce point, parce que vous n'êtes plus le même, que je ne suis plus à vos yeux telle que j'étois jadis ? Il faut le dire enfin ; cette Cassandre, oui sans doute cette Cassandre est l'objet de ce refroidissement....

AGAMEMNON.

O ciel ! Cassandre ! Ah ! que viens-tu de dire? Et tu le crois ?.... Après la ruine de Troye, chacun, tu le sais, se partagea le butin. Cette princesse illustre, à qui le fer des Grecs ravit sa patrie et son père, m'échut en partage. Le droit funeste, mais usité du vainqueur, me la fit amener esclave en Argos : triste exemple des vicissitudes humaines! Je plains le destin de Cassandre, mais je n'aime que toi. Tu ne m'en crois pas? Eh bien! pour te le prouver, dispose de Cassandre, je te la donne. Tu peux la soustraire à mes yeux, ou la garder près de toi. Souviens-toi seulement qu'elle est la fille infortunée d'un roi puissant, et qu'il seroit peu digne d'une reine de la traiter avec fierté.

CLITEMNESTRE.

Vous ne l'aimez point? Ciel!... Malheureuse!..... Et vous m'aimez encore assez pour.... Mais quoi! vous enlever votre captive! Non : elle vous coûte trop d'alarmes, de sueurs, et de sang.

AGAMEMNON.

Cesse, cesse de t'y refuser. Tu vois maintenant à quoi sert la dissimulation. Si telles étoient en effet tes inquiétudes, et si la jalousie avoit aigri ton cœur, le voilà maintenant rassuré. Viens, Clitemnestre, viens te convaincre par toi-même que Cassandre ne peut jamais avoir dans ta cour d'autre titre que celui de ta première esclave.

FIN DU QUATRIÈME ACTE.

ACTE CINQUIÈME.

SCÈNE Iʳᵉ.

CLITEMNESTRE (seule.)

Voici l'heure fatale.... Agamemnon s'abandonne au sommeil, et il n'ouvrira plus les yeux à la lumière? Cette main que je lui donnai pour gage d'un chaste amour, pour gage de ma foi, va devenir l'instrument de sa mort?... Et j'ai pu le jurer?... Il est trop vrai.... J'ai promis.... Remplissons mes sermens.... Allons... Mes pieds fléchissent, mon cœur, ma main, tout mon être frémit : malheureuse! ah! qu'ai-je promis?.... Que prétend ma lâcheté? Oh! comme en l'absence d'Egiste tout mon courage m'abandonne? Je ne vois que mon crime dans toute son horreur..... Quelle ombre sanglante m'apparoît? C'est Atride.... le voilà?.... Atride, en vain je te cherche des torts; non, tu n'aimes point Cassandre, tu m'aimes plus que je ne mérite d'être aimée; tu m'aimes uniquement. Ton seul crime est d'être mon époux. Atride! ô ciel! Tu passerois par ma main, des bras du sommeil dans les bras de la mort?.... Où me cacher après cet attentat?....O trahison! Quelle paix pourrai-je espérer!... Que de remords, que de larmes, quel désespoir affligeront ma vie!... Toi-même, Egiste, toi-même, comment oseras-tu t'asseoir aux côtés d'une épouse parricide, et partager son lit ensanglanté, sans trembler pour tes propres jours?...Affreux instrument de ma honte et de ma perte; loin de moi, fer exécrable, loin de moi! Je perdrai mon amant, je perdrai la vie, mais ma main n'égorgera point un héros. Atride, honneur des Grecs et terreur de l'Asie, vis encore pour la gloire, vis pour tes chers enfans.... et pour une épouse plus digne de toi... Mais qui marche dans le silence? Qui a pu pénétrer ici pendant la nuit?... Egiste! Ciel! je suis perdue!

SCÈNE II.

ÉGISTE, CLITEMNESTRE.

EGISTE.

En est-ce fait?

CLITEMNESTRE.

Egiste....

EGISTE.

Que vois-je ? Quoi ! tu t'abandonnes aux larmes ? Sont-ce des larmes qu'il nous faut ? Laisse ce moyen tardif et vain qui pourroit nous coûter cher.

CLITEMNESTRE.

Toi, dans ces lieux ! Et comment.... Malheureuse !.. que t'ai-je promis ?.. Quel dessein affreux m'as-tu fait embrasser ?

EGISTE.

N'est-il pas ton propre ouvrage ? L'amour te l'inspira, la crainte te le fait abandonner.... Mais, au reste, ton repentir me charme, et je mourrai du moins avec la satisfaction de te savoir innocente. Je te le disois bien, l'entreprise étoit difficile. Mais, toi, pleine de confiance dans un courage que tu n'as point, tu ne craignis pas, pour un coup si hardi, de t'en rapporter à ta débile main. Plaise au ciel que la seule pensée du crime ne tourne pas à ta perte ! Pour moi, sans être apperçu, du moins je l'espère, je me suis furtivement introduit dans ces lieux à la faveur des ténèbres. Il falloit bien que je vinsse t'apprendre moi-

ACTE V, SCÈNE II.

même tout mon malheur. Ma tête est irrévocablement dévouée à la vengeance de ton roi.

CLITEMNESTRE.

Qu'entends-je?.. Et d'où sais-tu?...

EGISTE.

Atride est, plus qu'il n'eût voulu lui-même, instruit de notre amour; et moi, j'ai déjà reçu l'ordre de ne plus sortir d'Argos. Au jour naissant, je dois comparoître devant lui. Tu prévois que cet entretien est l'arrêt de ma mort. Mais, ne crains rien pour toi, je mettrai tout mon art à lui paroître seul coupable.

CLITEMNESTRE.

Que dis-tu?.. Atride sait tout?

EGISTE.

Que trop, hélas! mais le plus sûr, le meilleur parti, est de te soustraire, par ma mort, à un dangereux examen. Je sauve ainsi ton honneur, et je me dérobe à un trépas infâme. Je ne suis venu que pour te donner ce dernier avis, et te dire ce dernier adieu.... Vis, et conserve ta gloire. Ne crois point me devoir de la pitié: je suis assez heureux, puisque je m'immole pour toi.

CLITEMNESTRE.

Egiste... O ciel!.. quelles fureurs tes discours ont réveillées dans mon sein!... Est-il vrai?.. Ta mort?..

ÉGISTE.

Est plus que certaine...

CLITEMNESTRE.

Et c'est moi qui t'arrache la vie?

EGISTE.

C'est moi qui sauve la tienne.

CLITEMNESTRE.

Quelle infernale furie guide tes pas, Egiste, et t'amène devant moi? Je mourois de douleur de ne plus te revoir, mais du moins je mourois innocente; et, maintenant, ta présence m'entraîne de nouveau, malgré moi, à un crime affreux... O ciel! une terreur inconnue s'empare de tous mes sens.... Est-il vrai?.. N'est-il plus d'autre ressource?... Mais qui lui révéla notre amour?

EGISTE.

Et quel autre qu'Electre eût osé parler de toi à son père? quel autre eût osé te nommer

ACTE V, SCÈNE II.

au roi ? Ta fille criminelle te plonge un poignard dans le sein, et veut t'ôter l'honneur, avant de t'arracher la vie !

CLITEMNESTRE.

Dois-je croire ?.. Dieux !...

EGISTE.

Crois-en donc ce fer, si tu ne me crois pas moi-même. Au moins, si je péris....

CLITEMNESTRE.

O ciel ! que fais-tu ? Quitte ce fer ; je le veux.... Nuit cruelle !... Ecoute... Atride n'a pas dessein peut-être....

EGISTE.

Que dis-tu, peut-être ? Atride est offensé, Atride est roi. Il ne médite, en son ame orgueilleuse, que le sang et la vengeance. Ma mort est certaine, et la tienne est douteuse... Mais s'il te conserve la vie, tu devines à quel dessein ? Et si l'on m'avoit vu entrer ici, seul, et si tard !.. Dieux !. je frémis pour toi. L'aurore bientôt va te tirer de doute. Moi, je ne l'attends point.. Je saurai mourir avant... Pour toujours... adieu.

CLITEMNESTRE.

Arrête... Non, tu ne mourras point.

EGISTE.

Non, je ne mourrai point, à coup sûr, d'une autre main que de la mienne... ou de la tienne, si tu le veux. Oui, frappe toi-même... ouvre mon sein : traîne-moi, sanglant, à demi-mort, aux pieds de ton juge superbe, et que mon sang te justifie.

CLITEMNESTRE.

Que dis-tu ? Malheureuse !... que je te frappe !..

EGISTE.

Quoi ! ta foible main ne peut ni égorger qui t'aime, ni immoler qui te hait ?.. La mienne doit donc suppléer...

CLITEMNESTRE.

Ah ! non...

EGISTE.

Veux-tu qu'Atride meure, ou moi ?

CLITEMNESTRE.

Quel choix !

EGISTE.

Décide-toi.

CLITEMNESTRE.

Moi, donner la mort ?..

EGISTE.

Ou la recevoir, et me voir immoler avant toi.

CLITEMNESTRE.

Eh quoi! mon crime est donc si nécessaire?

EGISTE.

Le tems presse.

CLITEMNESTRE.

Mais... la force... l'audace...

EGISTE.

La force, l'audace, l'amour te donnera tout.

CLITEMNESTRE.

Ma main tremblante... dans le sein d'un époux!...

EGISTE.

Peux-tu porter des coups mal assurés dans le sein du bourreau de ta fille?

CLITEMNESTRE.

J'ai jeté... le fer... loin de moi.

EGISTE.

Un fer! Prends celui-ci dont la trempe est

encore meilleure; il est encore teint du sang des fils de Thieste. Ne tarde point à le laver dans le sang impie d'Atrée. Va, cours... Il te reste peu d'instans, va. Si tu ne portes qu'un coup mal assuré, ou si tu te repens avant d'avoir frappé, ne reviens plus dans ce lieu, tu m'y trouverois immolé de ma main, et noyé dans des ruisseaux de sang. Va, ne crains rien, ose, entre et frappe.

SCÈNE III.

EGISTE (seul.)

Sors maintenant du Tartare, Thieste, il en est tems! Fais voir à ce palais ton ombre épouvantable! Viens te repaître du festin sanglant qui s'apprête! Déjà le fer est levé sur le fils de ton infâme ennemi. Une main, la main d'une perfide épouse, le balance sur son sein. C'est elle et non pas moi qui devoit s'en charger. La vengeance te sera d'autant plus douce que l'attentat sera plus grand... Prête avec moi attentivement l'oreille... Ne doute point que ta vengeance ne

ACTE IV, SCENE IV.

s'accomplisse. L'amour, la colère, la crainte, tout pousse au crime une femme coupable.

AGAMEMNON (dans la coulisse.)

O trahison!... Toi, mon épouse!... O ciel!... je me meurs... O trahison!

EGISTE.

Meurs, meurs; et toi, reine, redouble tes coups. Cache le poignard tout entier dans son sein. Verse, verse à longs flots le sang du barbare; il vouloit se baigner dans le nôtre.

SCÈNE IV.

CLITEMNESTRE, ÉGISTE.

CLITEMNESTRE.

Où suis-je?... Qu'ai-je fait?

EGISTE.

Tu as immolé un perfide. Tu es enfin digne de moi.

CLITEMNESTRE.

Le sang dégoutte de ce poignard... Mes mains, mes vêtemens, mon visage, tout est du sang!... Oh! quelle vengeance ce sang excitera! Déjà je vois, oui, je vois ce même fer tourné contre mon sein... Quelle main le dirige?... Tout mon sang se glace... Je frémis... je chancelle... Dieux! la force m'abandonne... Ma voix... A peine je respire... Où suis-je?... Qu'ai-je fait?... Ah! malheureuse!

E G I S T E.

Déjà le palais retentit de cris funestes; il est tems de montrer tout ce que je suis; il est tems de recueillir le fruit de mes longues souffrances. Je cours...

SCÈNE V.

ÉLECTRE, ÉGISTE, CLITEMNESTRE.

E L E C T R E.

Barbare et vil assassin de mon père, viens donc m'immoler aussi... Que vois-je? O ciel! ma mère!... Femme perfide! tu tiens encore le fer parricide! O dieux!

E G I S T E.

Silence! Je sors et reviens à l'instant. Tremblez. Je suis roi d'Argos. Mais courons vers Oreste, son trépas m'est plus nécessaire que celui d'Electre.

SCÈNE VI.

CLITEMNESTRE, ÉLECTRE.

CLITEMNESTRE.

Oreste! O ciel!... Je te connois enfin, Egiste....

ELECTRE.

Donnez-moi, donnez-moi ce fer.

CLITEMNESTRE.

Egiste! arrête!... Egorger mon fils!... tu m'égorgeras la première.

SCÈNE VII.

ELECTRE (seule.)

Nuit affreuse!... O mon père!.. Ah! du moins c'est vous grands dieux qui m'avez inspiré le dessein de sauver Oreste!....

Traître! tu ne le trouveras plus..... Ah! vis Oreste, vis. Je réserve ce fer barbare à ton jeune courage. Un jour, je l'espère, un jour tu reviendras dans Argos venger le trépas de ton père.

FIN DU CINQUIÈME ET DERNIER ACTE.

EXAMEN D'AGAMEMNON.

Ce sujet, traité, il y a quelques années, par le cit. Lemercier, a obtenu le plus grand succès sur la scène française. On a sur-tout admiré le caractère d'Egiste, où les passions les plus vives et les plus criminelles, la séduction la plus scandaleuse, la peinture des vices révoltans d'un adultère et d'un assassin, prennent une couleur tragique, inspirent la terreur sans faire naître le dégoût, et laissent une profonde impression dans l'ame des spectateurs. Le caractère d'Agamemnon n'a pas moins obtenu de suffrages. Il présente un héros fatigué de la puissance, dégoûté de la gloire que l'on acquiert par les malheurs de l'humanité, et ne cherchant que la paix de la vie privée près d'une épouse qui le trahit, et qui doit lui donner la mort.

Ces heureuses conceptions appartiennent toutes à Alfieri. On a pu remarquer, en lisant sa pièce, que les scènes où se trouvent ces deux personnages ont été traduites presque littéralement par l'auteur français. On doit savoir gré à ce dernier d'avoir fait passer dans notre langue, et adapté à notre scène, des beautés dramatiques qui nous étoient inconnues. L'estime qu'on accorde à son ouvrage, augmente encore quand on pense qu'il a su introduire dans cette action le rôle de Cassandre qui, quoique déjà tracé par Eschile, Sénèque et Thompson, a pris un caractère de nouveauté dans l'ouvrage du cit. Lemercier.

Alfieri, dans l'examen qu'il a fait de sa tragédie, ne la met point au rang de celles qu'il préfère. J'oserai être d'un avis contraire au sien. Il me semble que, dans aucune de ses pièces, il n'a porté plus loin la terreur et la pitié; et que, parmi ses plus heureuses conceptions dramatiques, celle-ci, par la simplicité du plan, par le choix des moyens, par la peinture des passions, mérite d'être placée au premier rang.

On ne doit point oublier de faire remarquer que le rôle de Clitemnestre, défectueux dans la pièce du citoyen Lemercier, est très-bien tracé dans la pièce d'Alfieri.

ORESTE,

TRAGÉDIE EN CINQ ACTES.

PERSONNAGES.

EGISTE.
CLITEMNESTRE.
ÉLECTRE.
ORESTE.
PILADE.
GARDES.
PEUPLE.

(La scène est à Argos, dans le palais d'Égiste.)

ORESTE,

TRAGÉDIE EN CINQ ACTES.

ACTE PREMIER.

SCÈNE Ire.

ELECTRE (seule.)

Nuit funeste, nuit horrible, toujours présente à ma pensée! Depuis deux lustres je te vois revenir chaque année, revêtue de noires ténèbres et souillée de sang, et cependant le sang qui devoit expier tant d'horreurs n'est pas encore répandu! — Souvenir affreux! Agamemnon, malheureux père! dans ce palais, je t'ai vu poignarder, et par quelle main!... O nuit! à la faveur de tes ombres, j'ai pu pénétrer dans ce lieu sacré. Pourvu qu'Egiste, avant le lever du soleil, ne vienne pas troubler mes plaintes, et m'empêcher de porter à la cendre de mon père le tribut de pleurs que je lui donne tous les ans. Les seuls tributs que je puisse te présenter, ô mon père ! ce sont mes larmes, et l'espoir toujours constant d'une vengeance qui peut tomber sur tes bourreaux. Oui, je te le jure, si je suis encore à Argos, dans ton palais, aux côtés d'une mère coupable, sous le joug odieux d'Egiste, l'espoir de la vengeance me fait seul supporter une existence aussi affreuse. Oreste vit loin de moi, mais il vit. Je te sauvai, mon frère, je me conserve pour toi, jusqu'au moment où tu pourras faire couler sur la tombe de notre père, non des pleurs inutiles, mais le sang de ses assassins.

SCÈNE II.

CLITEMNESTRE, ÉLECTRE.

CLITEMNESTRE.

Ma fille !

ELECTRE.

Quelle voix ! O ciel ! vous venez dans ces lieux ?

CLITEMNESTRE.

Ma fille, ne me fuyez pas ; je peux partager vos pieux devoirs ; en vain Egiste s'y

ACTE I, SCÈNE II.

oppose ; il ne le saura pas. Venez, allons ensemble vers cette tombe.

ELECTRE.

Vers quelle tombe ?

CLITEMNESTRE.

Vers celle de votre.... malheureux père.

ELECTRE.

Pourquoi ne dites-vous pas de votre époux ? Vous ne l'osez, et vous avez raison. Mais comment oserez-vous y porter vos pas, vous, couverte encore de son sang ?

CLITEMNESTRE.

Deux lustres se sont écoulés depuis ce jour fatal ; j'ai pleuré mon crime pendant deux lustres.

ELECTRE.

Ce tems suffit-il ? Des pleurs éternels ne suffiroient pas. Ne le voyez-vous pas ? ces murs sont encore teints du sang que vous avez versé. Fuyez ! à votre aspect la couleur de ce sang devient plus vive. Fuyez, ô vous que je ne peux, ni ne dois appeler ma mère ! retournez au lit du sacrilège Egiste. Une épouse telle que vous doit toujours être à ses côtés ;

ne persistez pas à vouloir troubler les cendres paisibles d'Agamemnon. Déjà son ombre irritée et terrible s'élève sur nous, et vous repousse loin d'elle.

CLITEMNESTRE.

Vous me faites frémir... Vous m'aimâtes autrefois, ma fille.... O remords! ô douleur! Malheureuse que je suis! Croyez-vous que je sois heureuse avec Egiste?

ELECTRE.

Heureuse! Le méritez-vous? Le ciel a voulu que jamais les mortels ne fussent heureux par leurs crimes. Votre malheur est écrit dans le livre éternel du destin. Vous n'éprouvez encore que vos premiers tourmens; un autre prix vous est réservé aux rives du Cocyte. Là, vous serez obligée de soutenir les regards menaçans de l'époux que vous avez assassiné; là, vous ferez frémir, à votre aspect, les ombres de nos aïeux; là, vous entendrez le juge inexorable des royaumes sombres, se plaindre de ce qu'il n'existe aucun supplice qui puisse égaler votre crime.

CLITEMNESTRE.

Que puis-je vous dire?...—Implorer votre pitié? Je ne la mérite pas.—Cependant, ma

ACTE I, SCÈNE II.

fille, si vous pouviez lire dans mon cœur... Mais qui pourroit, sans horreur, porter ses regards dans le fond de ce cœur souillé d'un si grand crime? Je ne peux blâmer en vous ni la haine, ni la colère. Vivante, j'éprouve déjà tous les tourmens du Tartare. A peine ma main eût-elle porté le coup, qu'un repentir prompt, mais hélas! trop tardif, s'empara de moi. Depuis ce moment le spectre sanglant de mon époux me poursuit la nuit et le jour. Si je veux marcher, il me précède en laissant derrière lui une longue trace de sang ; sur le trône, dans les festins, il s'assied toujours à mes côtés. S'il arrive quelquefois que le sommeil ferme mes yeux, ce spectre m'apparoît dans mes songes; je le vois déchirer sa plaie de ses mains furieuses, les remplir d'un sang noir, et me jeter ce sang au visage. — A d'affreuses nuits succèdent des jours encore plus affreux : ma vie est une longue mort. — Electre, quoique je sois criminelle, je suis toujours votre mère. Ne prenez-vous aucune part à mes plaintes ?

ELECTRE.

Je les partage, oui, je les partage. — Mais vous, répondez, n'occupez-vous pas encore un trône usurpé? Egiste ne jouit-il pas encore avec vous du fruit de vos communs forfaits? —Je ne dois pas vous plaindre, et je dois encore moins croire à votre repentir. Rentrez, laissez-moi seule terminer le sacrifice...

CLITEMNESTRE.

Ma fille, écoutez-moi. Attendez un moment. Je suis bien malheureuse. Je m'abhorre encore plus que vous ne me haïssez. — Je connus trop tard Egiste.—Que dis-je? à peine mon époux fut-il mort, que je vis toute l'atrocité du cœur de ce traître. Je l'aimois encore cependant. J'éprouvois en même-tems les fureurs de l'amour et les tourmens du remords. Cet état cruel n'est fait que pour moi... Je vois maintenant quel prix Egiste me réserve pour avoir partagé son crime ; je vois son faux amour changé en mépris; mais je suis parvenue au point où je ne puis expier mon forfait que par un nouveau crime.

ELECTRE.

Une mort courageuse efface tous les crimes. Mais, puisque vous n'avez pas tourné contre votre sein le fer encore fumant du sang de votre époux; puisque la hardiesse de votre main parricide s'est évanouie aussitôt après votre crime, pourquoi n'avez-vous pas plongé ce fer dans le sein du scélérat qui vous a enlevé l'honneur, la paix, qui a flétri votre réputation, et qui s'est emparé du trône d'Oreste ?

CLITEMNESTRE.

D'Oreste !.. Quel nom ! Mon sang s'est glacé dans mes veines en l'entendant prononcer.

ELECTRE.

Mon sang bouillonne au seul nom d'Oreste. Vous venez de prouver l'amour qu'une mère telle que vous doit avoir pour lui. Mais Oreste vit encore.

CLITEMNESTRE.

Que le ciel prolonge ses jours ! Puisse-t-il seulement ne jamais remettre le pied dans Argos ! Je suis une mère bien malheureuse ; je me suis moi-même privée de mon fils pour toujours, et je suis forcée, malgré l'amour que j'ai pour lui, d'adresser mes vœux au ciel, pour qu'il ne paroisse jamais devant mes yeux.

ELECTRE.

Mon amour est tout différent ; je desire qu'il revienne en Argos, et je fatigue tous les jours le ciel de mes prières, pour que son retour soit prompt : cette seule espérance me décide à vivre. Je me flatte qu'un jour il reparoîtra tel que doit être le fils d'Agamemnon.

SCÈNE III.

ÉGISTE, CLITEMNESTRE, ÉLECTRE.

ÉGISTE.

Le jour, ô reine ! vous paroît donc trop court pour vous livrer à votre douleur ! Vous êtes levée avant les premiers rayons de l'aurore. Oubliez le passé, faites que je passe avec vous des jours plus heureux.

CLITEMNESTRE.

Vous avez voulu régner, Egiste, et vous régnez. Pourquoi vous occuper de mes peines ? Je suis pour toujours livrée à la douleur, vous le savez.

EGISTE.

Je sais quelle est la source de cette douleur qui se renouvelle chaque année : vous avez voulu, à tout prix, qu'Electre vécût; je lui ai conservé la vie, pour votre malheur et pour le mien. Mais je veux enfin dérober à vos yeux cet objet de douleur; je veux purifier ma cour; avec Electre, j'en bannirai le deuil.

ÉLECTRE.

Vous me chassez; la cour où vous résidez, n'en sera pas moins une cour de deuil. Dans les lieux où règne Egiste, peut-on s'exprimer autrement que par des plaintes? Mais le fils de Thieste doit éprouver une joie bien vive, en persécutant les enfans d'Atrée!

CLITEMNESTRE.

Electre... il est mon époux.—Egiste, souvenez-vous qu'elle est ma fille.

EGISTE.

Electre? Elle est la fille d'Agamemnon.

ELECTRE.

Egiste? il est l'assassin d'Agamemnon.

CLITEMNESTRE.

Egiste, ayez pitié d'elle... Vous voyez ce tombeau, et vous n'êtes pas satisfait!

EGISTE.

Madame, soyez moins différente de ce que vous fûtes autrefois. Quelle est la main qui a plongé Agamemnon dans la tombe?

CLITEMNESTRE.

Reproche mortel ! Manque-t-il encore quelque chose à mon malheur ? Celui qui m'a poussée au crime me le reproche en ce moment !

ÉLECTRE.

O joie nouvelle pour moi ! unique joie dont j'aie joui depuis deux lustres ! Je vous vois tous les deux en proie à la colère et aux remords. J'entends enfin quelles doivent être les douceurs d'un amour adultère et homicide : il n'y a plus de prestige ; vous vous appréciez tous les deux. Puisse le mépris vous conduire à la haine, et la haine à la mort !

CLITEMNESTRE.

Affreux augure que je n'ai pas mérité ! ô ciel ! ma fille...

EGISTE.

C'est vous, Electre, qui faites naître cette discorde entre nous ! Une mère pourroit perdre une fille telle que vous, sans la regretter ! Je pourrois vous enlever cette vie que j'ai accordée aux pleurs de Clitemnestre, mais je ne veux pas reprendre ce que j'ai donné. Votre absence suffira pour ramener la paix

ACTE I, SCENE III.

parmi nous. Aujourd'hui, vous serez l'épouse du plus vil de mes esclaves; vous irez avec lui loin de nous; au sein de l'affreuse misère, vous lui porterez pour dot vos pleurs éternels.

ÉLECTRE.

Peux-tu parler d'une autre infamie que de celle dont tu es couvert! Quel esclave sera plus vil que toi? Quel sera plus scélérat?

EGISTE.

Sortez.

ELECTRE.

Tu m'as conservé la vie pour me faire souffrir, je le sais; mais le ciel destine peut-être ma main à une grande entreprise.

ÉGISTE.

Sortez, je vous le répète.

CLITEMNESTRE.

Silence, ma fille; sortez, je vous en conjure.

ELECTRE.

Loin de vous, il n'y a pas de tourment qui égale celui que j'éprouve en vous voyant.

SCÈNE IV.

ÉGISTE, CLITEMNESTRE.

CLITEMNESTRE.

Entendre de toutes parts des reproches affreux, et les mériter, quelle vie! La mort est moins cruelle.

EGISTE.

Je vous l'ai dit ; nous ne pourrons jouir de la paix, tant qu'Electre sera près de nous. Mon repos, le vôtre, la raison d'état, demandent depuis long-tems sa mort. Son orgueil insensé l'a rendue assez coupable ; mais votre tendresse aveugle exige qu'elle vive. J'y consens. Ne vous opposez donc plus à son départ ; je le veux, et vous vous y opposeriez en vain.

CLITEMNESTRE.

Je vous l'ai répété plusieurs fois; quel que soit le sort d'Electre, jamais nous n'aurons la paix. Vous, assiégé de soupçons, moi dévorée de remords, tous les deux remplis de crainte, nous traînerons une vie horrible et incertaine. Que pouvons-nous espérer de plus ?

ÉGISTE.

Je ne tourne jamais mes regards en arrière; je pense à l'avenir; je ne pourrai être heureux et tranquille, tant qu'il restera un rejetton d'Agamemnon. Oreste vit; la haine qu'il nous porte croît dans son cœur avec les années; il est animé du cruel desir de la vengeance.

CLITEMNESTRE.

Le malheureux! il vit, mais éloigné, obscur et désarmé. — Cruel! vous vous plaignez à une mère de ce que son fils respire.

ÉGISTE.

Oui, je m'en plains à une mère qui a tué son époux. Vous avez immolé l'un à notre amour, ne pouvez-vous pas immoler l'autre à ma sûreté?

CLITEMNESTRE.

Comment n'êtes-vous pas rassasié de sang et de crimes? Vous m'avez autrefois séduite par un faux amour; maintenant vos cruels discours me font connoître votre cœur. Cependant, je nourris encore pour vous une flamme aussi vive que vraie; vous le savez trop. — Pouvez-vous en conclure que je ne doive pas aimer le seul fils que m'a donné le ciel ? Quel cœur ne s'attendriroit sur ses malheurs !

EGISTE.

Vous avez fait un double crime. En arrachant la vie au père, vous avez écrit en caractères de sang la sentence de mort du fils. Ma négligence, le sort, et la prévoyance d'Electre ont sauvé Oreste. Mais quoi ! pouvez-vous regarder comme innocent un fils à qui vous avez enlevé son père... et son trône ?

CLITEMNESTRE.

Quelle horreur ! ô mon fils ! privé de tout, tu n'as donc rien donné à ceux qui t'ont dépouillé, si tu ne leur as donné ta vie !

EGISTE.

Et tant qu'il vit, ceux qui habitent son palais peuvent-ils être tranquilles ? Son fer est sans cesse suspendu sur votre tête. Fils d'Atride, dernier rejetton d'une race impie qui a réuni tous les forfaits, sa fureur ne s'étendra pas sur moi seul. Je pense à votre sûreté plus qu'à la mienne. Vous connoissez les oracles redoutables qui annoncèrent aux parens d'Oreste les forfaits qu'il commettroit un jour. Cela vous regarde, mère malheureuse; je dois, si je le puis, hâter sa mort; vous devez y consentir en silence.

CLITEMNESTRE.

Dieux! mon sang...

ÉGISTE.

Oreste n'est point de votre sang; c'est l'impur rejetton du sang d'Atrée; sang qui fut dévoué à tous les crimes. Vous avez vu son père, poussé par une coupable ambition, immoler sa fille sur l'autel. Le fils d'Atride, Oreste, ne reparoîtra dans ce palais que pour y tuer sa mère. Aveugle et trop tendre mère! voyez votre fils prêt à vous frapper; voyez-le, tremblez.

CLITEMNESTRE.

Laissez-le venger son père. S'il commet ce crime, il expiera peut-être le mien. Mais quel que soit le destin qui m'est réservé, Egiste, je vous en conjure par le sang d'Agamemnon que nous avons versé, cessez de tendre des pièges à Oreste. Qu'il vive loin de nous comme un exilé; mais qu'il vive. Oreste n'oseroit revenir à Argos; et s'il y revenoit, mon sein pareroit les coups que vous voudriez lui porter. — S'il vient, c'est le ciel qui le ramènera; et peut-on s'opposer aux volontés du ciel ? Il n'y aura plus de doute alors ; je serai la victime qu'il demandera.

EGISTE.

Mettez fin à vos pleurs. Oreste est vivant, et j'ai peu d'espérance qu'il tombe dans mes mains. S'il vient un jour, où la nécessité que vous nommez crime, me forcera à le sacrifier, alors vous pourrez vous livrer à vos douleurs.

FIN DU PREMIER ACTE.

ACTE SECOND.

SCÈNE Ire.

ORESTE, PILADE.

ORESTE.

Oui, Pilade, voilà mon palais. — O joie ! Embrasse-moi, cher ami ; le jour est enfin venu où je pourrai te dédommager des tourmens que tu as soufferts pour moi.

PILADE.

Aime-moi, Oreste, écoute mes conseils ; voilà le retour que je te demande.

ORESTE.

A la fin, nous sommes arrivés. — C'est ici qu'Agamemnon fut assassiné; c'est ici que règne Egiste. Je n'ai pas perdu la mémoire de ce palais, quoique j'en sois sorti bien jeune. Le juste ciel m'y ramène à tems. — Il y a aujourd'hui dix ans, que pendant une nuit profonde, mon père trahi et égorgé, fit retentir ces murs de ses cris douloureux. Il m'en souvient, Electre me porta à travers cet appartement, et me remit entre les bras du vertueux Strophius, alors beaucoup plus mon père que le tien. Il m'entraînoit tout tremblant par cette porte secrète. J'entendois derrière moi retentir dans les airs, des gémissemens affreux qui me fesoient pleurer sans que je susse pourquoi. Strophius éperdu me couvroit la bouche de sa main, et étouffoit mes cris ; il m'embrassoit et baignoit mon visage de larmes; enfin nous arrivâmes à la plage solitaire, où une frêle barque nous déroba aux fureurs d'Egiste. — Je reviens à présent dans la force de l'âge ; je reviens plein de courage, enflammé de colère, dévoré du desir de la vengeance, dans les mêmes lieux d'où, foible enfant, j'eus le bonheur de m'échapper.

PILADE.

Egiste règne ici ; et tu parles hautement de vengeance ? Imprudent, comment commences-tu une si grande entreprise ? Regarde, déjà l'aube du jour paroît ; quand même la nuit seroit éternelle, ne sommes-nous pas dans le palais du tyran ? Parle à voix basse ; ces murs peuvent cacher un délateur. Ah ! ne perdons pas le fruit de tant de vœux, et de tant de fatigues que nous avons éprouvées avant de descendre sur ce rivage.

ORESTE.

Bords sacrés, il est vrai qu'une force inconnue sembloit nous éloigner de vous. Depuis que nous avons quitté Chrysa, des vents toujours contraires paroissoient me défendre de revenir dans ma patrie. Mille obstacles, mille dangers me faisoient craindre qu'il ne nous fût jamais possible d'aborder à Argos. Mais le grand jour est venu ; je suis enfin arrivé. Si j'ai surmonté tous les obstacles, cher Pilade, c'est à toi que je le dois. Avant que je ne fusse destiné à punir un si grand crime, le ciel a sans doute voulu mettre en moi la hardiesse, et en toi la fidélité.

PILADE.

Tu as trop de hardiesse. Combien de fois tu m'as fait craindre pour toi ! Je suis prêt à partager toutes les vicissitudes de ton sort, tu le sais ; mais pense que nous n'avons encore rien fait, et que nous avons beaucoup à faire. Nous sommes arrivés, rien de plus. Parmi tous les moyens de consommer notre entreprise, il nous faut choisir le meilleur ; il faut penser au prétexte que nous prendrons pour colorer notre arrivée ; il faut enfin donner une base à nos grands desseins.

ORESTE.

La justice éternelle en sera la base. Le sang dont je suis altéré, m'est dû, Pilade. — Le meilleur moyen ? le voilà, c'est mon épée.

PILADE.

Noble ardeur d'un jeune homme ! Mais ton épée pourra-t-elle résister à mille glaives ?

ORESTE.

Mon nom seul suffira pour faire rentrer Egiste dans le néant ; c'est encore trop de mon nom. Quel bouclier assez fort pourra m'empêcher de lui percer le sein ?

PILADE.

Il a un bouclier bien fort, c'est sa lâcheté. Une foule de satellites l'entoure ; tremblant, mais en sûreté, il reste au milieu d'eux...

ORESTE.

Il suffira de me nommer, et ils seront tous dispersés.

PILADE.

Il suffira de te nommer pour être égorgé à

ACTE II, SCÈNE I.

l'instant même. Les satellites du tyran lui gardent leur foi, et ne manquent pas de courage ; il les comble de largesses, et ils ne voudroient pas qu'il pérît, si eux-mêmes ne l'immoloient pour en élever un autre.

ORESTE.

Le peuple prendra mon parti...

PILADE.

Qu'espères-tu ? Que jamais, dans les cœurs d'une vile populace, la haine ou l'amour puisse être durable ? Avilie par ses fers, elle voit indifféremment un tyran faire place à un autre ; elle n'en aime aucun et fléchit devant tous. Elle oublie Agamemnon, elle tremble en présence d'Egiste.

ORESTE.

Tu dis vrai.... Mais tu n'as pas, comme moi, devant les yeux, l'image d'un père assassiné qui demande, qui attend, qui veut la vengeance.

PILADE.

Je suis donc plus propre à la disposer. — Ecoute-moi ; nous sommes ici inconnus de tout le monde ; nous avons l'air d'être des étrangers ; soit par plaisir, soit par crainte, les tyrans ont coutume de faire épier tous les étrangers. Le soleil se leve ; à peine aurons-nous été vus, que nous serons conduits devant le tyran. Que lui dire ?

ORESTE.

Le frapper, le faire tomber sous mille coups de poignard, et ne rien lui dire.

PILADE.

Es-tu venu à une mort certaine, ou à une vengeance assurée ?

ORESTE.

Qu'elles soient certaines l'une et l'autre ; je tuerai Egiste, je mourrai après.

PILADE.

Oreste, je t'en conjure, par l'ombre de ton père et par notre amitié, garde encore le silence. Laisse à ma prudence quelques heures pour préparer tes coups ; la bassesse doit être attaquée par la ruse, avant de l'être par la force. Qu'Egiste nous croit envoyé par mon père, pour lui apporter la nouvelle de ta mort.

ORESTE.

Cacher mon nom, et devant Egiste ? moi !

ACTE II, SCÈNE I.

PILADE.

Contente-toi de le taire, sans le nier. Je parlerai, c'est moi qui me chargerai du piège; nous verrons ce qu'Egiste dira à cette nouvelle; nous saurons aussi quel est le sort d'Electre.

ORESTE.

Electre ! ah ! je crains qu'elle n'ait cessé de vivre. Je n'eus jamais aucune nouvelle de cette sœur chérie. Egiste n'aura sûrement pas épargné le sang d'Atride.

PILADE.

Clitemnestre l'a peut-être sauvée ; si elle existe en effet, pense qu'elle est entre les mains du tyran, et qu'en te nommant, tu prononcerois l'arrêt de sa mort. Tu sais que Strophius pouvoit nous faire reparoître dans Argos avec une puissante armée ; mais une guerre ouverte, en la supposant heureuse, ne t'auroit rendu que ton royaume ; cependant le tyran se seroit dérobé à ta vengeance par une fuite honteuse; il auroit fait périr la malheureuse Electre, ta sœur unique et chérie. Vois si nous devons être prudens; tes grands desseins ne se bornent pas, tu le sais, à recouvrer ton trône; ne les romps pas le premier. Qui sait ? Peut-être ta mère livrée au repentir.....

ORESTE.

Ah ! ne me parle point d'elle.

PILADE.

Je ne t'en parlerai plus. — Je ne te demande que d'écouter la voix de la prudence. Le ciel qui m'a destiné à partager ton entreprise, te seroit contraire, si tu la consommois sans moi.

ORESTE.

Je t'abandonne tout, excepté la gloire de frapper. J'envisagerai l'assassin de mon père ; je le verrai, sans mettre la main à mon épée. O mon père ! c'est le premier effort sur moi-même, que j'ose te consacrer.

PILADE.

Silence. Je crois entendre un bruit léger.— Vois, une femme sort du palais avec des vêtemens sombres. Retirons-nous à l'écart.

ORESTE.

Elle s'avance vers nous.

SCÈNE II.

LES PRÉCÉDENS, ÉLECTRE.

ELECTRE.

Je puis un moment échapper à la surveillance d'Égiste. Profitons de cet instant pour offrir mon sacrifice.... Que vois-je ? deux hommes dont le visage et les habits me sont inconnus. Ils m'observent ; je les crois étrangers....

ORESTE.

Elle a nommé Égiste.

PILADE.

Silence !

ELECTRE.

O étrangers ! car je vous crois tels, dites-moi, qui vous amène dans ces murs ?

PILADE. (bas à Oreste.)

Laisse-moi parler. (haut à Electre.) Il est vrai que nous sommes étrangers ; nous venons apporter ici une grande nouvelle.

ELECTRE.

Vous l'apportez à Égiste ?

PILADE.

Oui.

ELECTRE.

Quelle est cette nouvelle ?... Où portez-vous vos pas ? Égiste n'est point ici ; jusqu'à ce qu'il revienne, vous pourrez l'attendre dans son palais.

PILADE.

Quand reviendra-t-il ?

ELECTRE.

Aujourd'hui, dans peu d'heures, il sera de retour ; il vous témoignera sa reconnoissance par des honneurs et par des graces, si cette nouvelle lui est agréable.

PILADE.

Elle sera agréable à Egiste, quoiqu'elle soit bien funeste par elle-même.

ELECTRE.

Mon cœur se brise. — Cette nouvelle est funeste..... Est-elle de nature à ce que je puisse la savoir ?

PILADE.

Pardonnez. Vous paroissez d'une naissance illustre ; cependant il est nécessaire que le roi m'entende le premier... Vous vous troublez à mes paroles. — Eh quoi ! une nouvelle qui arrive d'une terre lointaine, pourroit-elle vous intéresser?

ELECTRE.

M'intéresser!.... Non... Mais de quel pays êtes-vous?

PILADE.

Nous sommes Grecs; nous avons mis à la voile dans un port de Crète. — Mais, à vos vêtemens lugubres, à vos traits, à vos discours, à vos soupirs, je vois que vous renfermez une grande douleur. Puis-je vous demander?....

ELECTRE.

Que dites-vous? Vous savez que le cœur d'une femme cède facilement à la pitié. Toute nouvelle funeste m'afflige, quoiqu'elle ne m'intéresse pas: je voudrois savoir celle que vous apportez; je m'en affligerois, parce que mon ame n'est pas fermée aux sentimens de l'humanité.

PILADE.

Vous offenserois-je, si je me permettois de vous demander votre nom?

ELECTRE.

Il vous importe peu de le savoir; et, vous

le dire, augmenteroit encore la douleur que vous avez remarquée en moi.—Il est vrai que, hors d'Argos, il existe quelqu'un qui m'intéresse.... Mais non, je vois bien que votre arrivée n'y a aucun rapport. Toutes les fois qu'un étranger aborde sur ce rivage, par un mouvement involontaire, je sens mon cœur flotter entre la crainte et l'espérance. — Je vois que je ne dois point entendre les motifs de votre voyage. Entrez dans le palais ; moi, j'irai vers la tombe....

ORESTE.

La tombe ! Où est-elle ? qui renferme-t-elle ?

ELECTRE.

Ne la voyez-vous pas à droite ? C'est la tombe d'Agamemnon.

ORESTE.

O ciel !

ÉLECTRE.

Vous frémissez à cette vue. Vous avez donc été instruits de l'horrible mort qu'il trouva en revenant à Argos.

PILADE.

Où le bruit n'en est-il pas parvenu ?

ACTE II, SCÈNE II.

ORESTE.

O tombe sacrée du roi des rois! n'attends-tu pas une victime? Tu l'auras.

ELECTRE.

Que dit-il?

PILADE.

Je ne l'ai pas entendu.

ELECTRE.

Il parle de victime. Pourquoi? La mémoire d'Atride lui est-elle chère?

PILADE.

.... Depuis quelque tems il est privé de son père. Ce lugubre aspect renouvelle sa douleur.— (à Oreste.) Rentre en toi-même, ami. Insensé, devois-je me fier à toi?

ELECTRE.

Il tient ses regards fixés sur cette tombe; la fureur étincelle dans ses yeux, il semble méditer une grande entreprise. — O qui que vous soyiez, que voulez-vous faire?

ORESTE.

Laissez m'en le soin.

PILADE.

Il ne vous écoute déjà plus. Madame,

excusez ses transports insensés ; ne faites aucune attention à ses discours ; il est hors de lui. — (à Oreste.) Tu veux donc absolument te découvrir.

ORESTE.

Je plongerai mon épée dans le sein du traître, autant de fois qu'il est sorti de gouttes de sang de cette horrible plaie.

ELECTRE.

Il n'est point égaré. Un père...

ORESTE.

Oui. Un père me fut enlevé. O rage ! il n'est pas encore vengé.

ELECTRE.

Qui es-tu donc, si tu n'es Oreste ?

PILADE.

Qu'entends-je ?

ORESTE.

Oreste ! qui m'appelle ?

PILADE.

Tu es perdu.

ELECTRE.

Electre t'appelle ; je suis Electre, c'est moi, mon frère, qui te presse dans mes bras.

ACTE II, SCÈNE II.

ORESTE.

Où suis-je ? Que dit-elle ? Pilade ?

ELECTRE.

Pilade, Oreste, chassez toute crainte; je ne vous ai point trompés. Oreste, je t'ai reconnu à ta fureur; à sa douleur, à son amour, peux-tu ne pas reconnoître Electre ?

ORESTE.

Ma sœur ! ô ciel ! tu vis, et je t'embrasse.

ELECTRE.

Jour heureux !

ORESTE.

Je te presse donc contre mon sein ! O joie inconnue ! ô douleur ! je vois la tombe de mon père !

ELECTRE.

Calme-toi.

PILADE.

Electre, ô combien je desirois de vous connoître ! Vous avez sauvé Oreste, à qui je me suis attaché pour toujours; jugez si je vous aime !

ELECTRE.

Et vous, Pilade, vous me l'avez conservé; vous êtes mon second frère.

8..

PILADE.

Unissez donc vos prières aux miennes; tâchez de contenir son ardeur et sa colère aveugle. Oreste, veux-tu absolument te perdre? Veux-tu qu'à chaque instant je tremble pour toi? Jusqu'à présent, accompagné de la piété, de l'amour filial et de la vengeance, tu as échappé à tous les dangers ; mais si tu continues....

ORESTE.

Il est vrai... Pardonne, Pilade... je suis hors de moi... mais que veux-tu ? Qui pourroit ne pas être troublé par de tels objets? — Je l'ai vu, mon père, oui, je l'ai vu de mes yeux. Du fond de son noir monument, il levoit sa tête flétrie; avec ses mains décharnées, il relevoit ses cheveux épars sur son visage ; sur ses joues livides, je voyois le sang se mêler aux larmes. Non-seulement je l'ai vu, mais sa voix douloureuse est parvenue jusqu'à mes oreilles ; elle retentit encore dans mon cœur : « O fils sans courage, me dit-il, que » tardes-tu à frapper? Tu es homme, tu » as une épée, et mon assassin vit encore?» Reproche affreux! Il tombera immolé sur ta tombe ; aucune goutte de son coupable sang

ACTE II, SCÈNE II.

ne restera dans ses veines; tu t'en abreuveras bientôt, ombre altérée de ce sang.

ELECTRE.

Retiens ta colère. Je vois souvent aussi l'ombre de mon père s'élever sur ces marbres glacés, et je me tais. A chaque pas que tu feras dans ce palais, tu verras les traces de son sang; tu seras forcé de les regarder avec un œil sec, jusqu'à ce que tu les aies effacées avec un nouveau sang.

ORESTE.

Electre, combien je préférerois consommer aussitôt cette entreprise ! mais je me tiendrai ici jusqu'à ce que le jour paroisse. Nés tous les deux pour les larmes, nous pleurerons ensemble. Ce que je n'espérois plus m'est-il donc rendu ? Est-il vrai que je verse dans ton sein des larmes de douleur, d'amour et de rage ? Je ne savois rien de toi ; je te croyois immolée par le tyran ; je venois plutôt pour te venger que pour te presser dans mes bras.

ELECTRE,

Je vis et je t'embrasse; c'est le premier jour de bonheur qui luise pour moi. La fureur du cruel Egiste qui frémissoit toujours de ne pouvoir te faire assassiner, me répondoit de ta vie; mais quand j'appris que tu avois quitté le palais de Strophius, quelle fut ma crainte....

PILADE.

Mon père avoit répandu ce bruit à dessein, afin de sauver Oreste des pièges d'Egiste. Je n'ai jamais quitté votre frère, et je ne le quitterai jamais.

ORESTE.

La mort seule peut nous séparer.

PILADE.

La mort ne le pourroit.

ELECTRE.

Amitié sans exemple dans le monde! — Mais, dites-moi, comment pourrez-vous vous présenter devant un tyran cruel et soupçonneux? Vous ne pourriez vous cacher ici.

PILADE.

Nous voulons lui faire croire que nous apportons la nouvelle de la mort d'Oreste.

ORESTE.

Le moyen est vil.

ELECTRE.

Il est moins vil qu'Egiste. Il n'y en a pas de meilleur, ni de plus certain. Lorsque vous serez introduits dans son palais, ce sera alors à moi de vous procurer le tems, le lieu et les armes pour l'immoler. Oreste, je conserve encore ce fer qu'enfonça dans le sein de son époux, cette femme que nous n'osons plus appeler notre mère.

ORESTE.

Que fait cette impie ? Dans quelle situation est-elle ?

ÉLECTRE.

Ah! tu ne sais pas quelle est sa vie. Tout autre que les enfans d'Atride en auroit pitié. — Nous ne pourrons, malgré nous, lui refuser la nôtre. — Remplie de terreur et de soupçons, méprisée par son séducteur lui-même, elle l'aime encore malgré tous ses crimes. Elle se repent, mais elle seroit capable de commettre le même forfait, si l'horrible flamme dont elle s'indigne et dont elle rougit, le lui rendoit nécessaire. Tantôt mère, tantôt épouse, ces deux titres la font frémir ; et elle ne veut ni de l'un ni de l'autre. D'épouvantables remords la déchirent pendant le jour ;

les Furies implacables troublent son sommeil pendant la longueur des nuits. — Voilà sa vie.

ORESTE.

Le ciel exerce sur elle une longue et terrible vengeance, telle que nous ne pouvons l'exercer nous-mêmes. Mais Clitemnestre doit être aujourd'hui ou mère ou épouse ; quand elle verra palpiter à terre son infâme adultère frappé à ses côtés....

ELECTRE.

Malheureuse mère ! Tu ne l'as pas vue... peut-être, en la voyant....

ORESTE.

J'ai entendu mon père, il suffit.

ÉLECTRE.

Cependant tu éprouveras dans ton cœur un secret murmure qui fera couler tes larmes, et qui te rappellera qu'elle est notre mère. Elle m'a témoigné de la douceur ; mais le lâche Egiste qui, à sa prière, m'a conservé la vie, me fait souffrir autant qu'il le peut. J'ai reçu cet horrible don, pour attendre le jour où je pourrois remettre entre tes mains le fer souillé du sang d'Atride. J'ai souvent voulu en armer ma foible main ; mais tu viens,

Oreste, et tu viens à tems. Egiste aujourd'hui, pour se délivrer de ma présence, me veut donner pour épouse à l'un de ses esclaves.

ORESTE.

Je viens à cette noce impie sans y être attendu; les dieux recevront aussi une victime inattendue.

ELECTRE.

Clitemnestre s'y oppose, mais en vain.

ORESTE.

Dis-moi, ne pourrons-nous rien lui confier?

ELECTRE.

Rien. Quoiqu'elle flotte entre le crime et la vertu, elle tient encore au crime. Quand elle n'aura plus Egiste, peut-être... Il faudra voir si son repentir est sincère. Elle pleure avec moi, il est vrai, mais elle reste avec le tyran. Evite sa vue jusqu'à ce qu'Egiste soit de retour.

PILADE.

Où ce traître a-t-il porté ses pas?

ELECTRE.

L'impie célèbre aujourd'hui la mort d'Atride.

ORESTE.

O rage !

ELECTRE.

Il outrage les dieux. Non loin d'ici, sur la route de Mycène, il offre au dieu des enfers des victimes impures et des vœux infâmes ; son retour ne peut être éloigné. — Mais nous nous sommes assez entretenus ensemble ; je vais rentrer dans le palais sans être vue ; restez sous ce portique, pour attendre Egiste. Pilade, je vous confie mon frère. Oreste, je verrai aujourd'hui si tu m'aimes. Par notre amitié, par la mémoire chérie de notre père, je t'en conjure, écoute ton ami et contiens ta fureur. Une vengeance si long-tems desirée, peut ne pas être remplie, si tu la veux trop entière et trop prompte.

FIN DU SECOND ACTE.

ACTE TROISIÈME.

SCÈNE Iʳᵉ.

CLITEMNESTRE, ÉLECTRE.

CLITEMNESTRE.

Électre, laissez moi. Retournez à votre appartement ; je veux sur les traces d'Egiste...

ELECTRE.

O ma mère ! êtes-vous déjà tourmentée par son absence ? Craignez-vous qu'à l'autel la foudre ne l'ait écrasé ? N'ayez pas cette inquiétude ; jusqu'à présent, dans ces lieux, le ciel a favorisé les impies.

CLITEMNESTRE.

Gardez le silence sur Egiste...

ELECTRE.

Il est vrai qu'en prononçant son nom, une bouche innocente est souillée. O ma mère ! êtes-vous celle qui tantôt vouloit venir avec moi offrir des vœux secrets à la tombe sacrée ?

CLITEMNESTRE.

Laissez-moi, je veux sortir...

ELECTRE.

Pour aller au-devant de celui que je vous ai vous-même entendu nommer la cause de vos malheurs.

CLITEMNESTRE.

Il est vrai ; je ne serai jamais heureuse avec lui ; mais je ne peux l'être sans lui. Laissez-moi.

ELECTRE.

Souffrez au moins...

CLITEMNESTRE.

Quoi ?

ÉLECTRE (à part.)

Malheureuse que je suis ! Qu'arrivera-t-il, si Oreste la voit avant Egiste ?

SCÈNE II.

CLITEMNESTRE (seule.)

Je cherche en vain à me tromper...

SCÈNE III.

CLITEMNESTRE, ORESTE, PILADE.

(Oreste et Pilade sont d'un côté du théâtre, Clitemnestre est de l'autre.)

ORESTE.

Egiste n'arrive point.

PILADE.

Où vas-tu ?

CLITEMNESTRE.

J'aime trop Egiste...

ORESTE.

Egiste ! Qu'entends-je ? Quelle voix ! Que vois-je ? C'est elle-même, je la reconnois.

PILADE.

Que fais-tu ? ô ciel ! Retournons sur nos pas.

CLITEMNESTRE.

Qui s'offre à mes yeux ? Qui êtes-vous ?

PILADE.

Excusez notre hardiesse. Nous sommes étrangers, et nous ne connoissons point les usages de ce pays... Peut-être nous sommes nous trop avancés dans ce palais. N'imputez ce tort qu'à notre ignorance.

CLITEMNESTRE.

Qui êtes-vous ?

ORESTE.

Dans Argos...

PILADE.

Nous n'y sommes pas nés.

ORESTE.

Pour Egiste...

PILADE.

Le roi de Phocide nous envoie dans ces lieux...

ORESTE.

Si le roi...

PILADE.

Si vous nous le permettez, nous entrerons dans le palais pour le chercher.

CLITEMNESTRE.

Quel motif vous amène à Argos ?

ORESTE.

Une grande entreprise.

PILADE.

Nous la communiquerons au roi.

CLITEMNESTRE.

Vous pouvez me la confier comme à lui.
Egiste n'est pas à ce moment dans son palais.

PILADE.

Mais il reviendra...

ORESTE.

Je l'espère.

CLITEMNESTRE.

Cependant, dites-moi ce qui vous amène.

ORESTE.

Je vais vous le dire...

PILADE.

Si vous nous l'ordonnez. Mais...

CLITEMNESTRE.

Je partage le trône d'Egiste.

ORESTE.

Tout le monde le sait; vous êtes digne de lui.

PILADE.

La nouvelle que nous apportons, vous seroit moins agréable qu'à Egiste.

CLITEMNESTRE.

Quelle est elle ?

ORESTE (à Pilade.)

Que dis-tu ? Une nouvelle agréable au roi pourroit-elle ne pas l'être à son épouse ?

PILADE

Tu sais que notre maître nous a ordonné de ne la confier qu'au seul Égiste.

ORESTE.

Egiste et Clitemnestre ne forment qu'une ame.

CLITEMNESTRE.

Pourquoi me tenir dans cette cruelle incertitude ? De grace, parlez.

PILADE.

Cette nouvelle vous seroit trop cruelle ; le ciel nous préserve....

ORESTE.

Tu te trompes. Nous apportons à la reine, la paix et le repos.

CLITEMNESTRE.

Mettez fin à mon trouble.

ORESTE.

Reine, nous venons annoncer la mort....

ACTE III, SCÈNE III.

CLITEMNESTRE.

De qui?

PILADE.

De grace....

CLITEMNESTRE

De qui? Parlez.

ORESTE.

D'Oreste.

CLITEMNESTRE.

Qu'entends-je? De mon fils! O douleur!

ORESTE.

Oui, du fils d'Agamemnon assassiné....

CLITEMNESTRE.

Que dites-vous?

PILADE.

Il dit qu'Oreste n'a point été assassiné...

ORESTE.

J'ai dit qu'il étoit le fils d'Agamemnon assas sié.

PILADE (à Oreste.)

Insensé! est-ce ainsi que tu me gardes ta foi?

CLITEMNESTRE.

Malheureuse que je suis! Privée de mon fils unique....

ORESTE.

Mais Oreste n'étoit-il pas le plus mortel ennemi de votre Egiste ?

CLITEMNESTRE.

Cruel ! Ainsi vous annoncez à une mère la mort de son fils !

PILADE.

Excusez-le, il est trop jeune encore, et il ne connoît pas les usages des cours. Pour satisfaire votre desir, un zèle indiscret l'a porté à trahir le mien. Vous ne deviez apprendre cette affreuse nouvelle que d'Égiste, avec tous les ménagemens que l'on doit à une mère. C'étoit là ma pensée.

ORESTE.

Je me trompe peut-être : mais, après la mort d'Oreste, la reine sera tranquille avec son époux.

CLITEMNESTRE.

Arrêtez, je fus la mère d'Oreste.

ORESTE.

Égiste vous est-il moins cher que lui ?

PILADE (à Oreste.)

Que dis-tu ? que fais-tu ? Oses-tu par des

paroles vaines et importunes, aigrir ainsi la douleur d'une mère ? Viens, le tems pourra seul calmer son déséspoir....

ORESTE.

Egiste le pourra, je n'en doute point.

PILADE.

Viens, délivrons-la de notre aspect. Nous lui sommes devenus odieux.

CLITEMNESTRE.

Puisque vous m'avez percé le cœur, cruel, continuez à le déchirer. Racontez-moi comment, en quel lieu, dans quel tems, mon fils est mort ? — Cher Oreste, je veux savoir tout ce qui t'est arrivé ; je ne veux plus entendre parler que de toi.

ORESTE.

Vous l'aimiez donc beaucoup cet Oreste ?

CLITEMNESTRE.

Jeune homme, n'avez-vous pas une mère ?

ORESTE.

J'en ai une.

PILADE.

Reine, votre fils étoit soumis au destin : sa vie....

ORESTE.

Ne lui fut pas enlevée par d'infâmes ennemis; il ne succomba point sous une trahison atroce....

PILADE.

Que cela vous suffise. Pourroit-on en dire davantage à une mère.

ORESTE.

Mais si une mère veut l'entendre....

PILADE.

Ah! souffre que cette douloureuse histoire ne soit racontée qu'au roi.

ORESTE.

Egiste en jouira.

PILADE.

Nous en avons trop dit. La pitié nous empêche de vous obéir, madame. — Suis-moi, rends-toi enfin à mes desirs.

SCÈNE IV.

CLITEMNESTRE (seule.)

Malheureux fils !.... Fils innocent d'une mère coupable.... Oreste.... tu n'es donc plus ! Tu es mort, banni par moi de ta patrie et de ton royaume. Peut-être abandonné, chargé de maux....Qui sait comment tu as péri?....A ton heure dernière, peut-être n'avois-tu pas un ami près de toi? On n'a rendu aucun honneur à ta cendre. Sort fatal! Le fils du grand Agamemnon, errant, inconnu, privé d'appui.... Ni sa mère, ni sa sœur, n'ont lavé son corps avec leurs larmes! Fils chéri, mes mains ne t'ont pas rendu les derniers devoirs; elle ne t'ont pas fermé les yeux. — Que dis-je? mes mains en étoient-elles dignes?... Ces mains encore fumantes du sang de ton père, Oreste, tu les aurois repoussées. O fils, digne d'une mère moins barbare! Mais pour avoir immolé ton père, en suis-je moins ta mère? La nature ne perd jamais ses droits. — Si le destin ne t'avoit pas privé de la vie, peut-être, comme un oracle vain l'avoit prédit, tu aurois tourné ton épée contre ta mère. — Tu le devois: quelle autre main que la tienne pouvoit punir un si grand crime? Vis, Oreste, reviens à Argos, accomplis l'oracle; tu immoleras en moi, non une mère, mais une femme coupable, qui a usurpé ce nom sacré. Viens.... Mais, hélas! tu n'es plus.

SCÈNE V.

CLITEMNESTRE, ÉGISTE.

EGISTE.

Pourquoi ces pleurs ? Quelle en est la cause ?

CLITEMNESTRE.

Jouissez, Égiste, j'ai une nouvelle cause de pleurs, et de pleurs éternels; cessez d'être tremblant sur votre trône. Vos desirs sont à la fin accomplis; il est mort ce cruel et terrible ennemi, qui cependant n'entreprit jamais rien contre vous, il est mort. Mon fils unique a cessé de vivre.

ÉGISTE.

Que dites-vous ? Oreste est mort ! D'où vous en est venue la nouvelle ? Qui l'a apportée ? — Je ne la crois pas.

CLITEMNESTRE.

Vous ne la croyez pas, peut-être parce qu'Oreste s'est soustrait plusieurs fois à vos pièges cruels. Si vous ne vous en rapportez pas à mes larmes, vous vous en rapporterez à ma fureur. Déjà, dans mon cœur maternel,

ACTE III, SCÈNE V.

je sens renaître mon amour pour Oreste, qui jamais ne fut éteint.

EGISTE.

Vous n'avez pas de preuves. Comment puis-je croire?...

CLITEMNETRE.

Vous en aurez autant que votre cœur atroce pourra en demander. Vous entendrez raconter en détail cet horrible malheur; et il brillera dans vos yeux une joie digne de Thieste. Vous verrez dans Argos, deux hommes qui satisferont votre desir inhumain.

EGISTE.

Deux hommes sont arrivés à Argos sans que j'en fusse instruit! Pourquoi n'est-ce pas à moi qu'ils se sont adressés?

CLITEMNESTRE.

Peut-être regrettez-vous de n'avoir pas le premier enfoncé le poignard dans le sein de votre épouse. Il est vrai que ce pieux devoir vous appartenoit; Egiste devoit seul donner cette nouvelle à une mère.

EGISTE.

Reine, d'où vient cette nouvelle colère?

Comment aimez-vous autant votre fils mort, après l'avoir presqu'oublié vivant ?

CLITEMNESTRE.

Que dites-vous ? Je n'ai jamais cessé d'avoir pour Oreste des sentimens de mère ; si je vous l'ai caché, c'est ce même amour qui m'y forçoit. Je vous disois que mon fils m'étoit moins cher, afin qu'il fût moins exposé aux pièges que vous lui tendiez. Maintenant qu'il est mort, je n'ai plus besoin de feindre ; sachez qu'Oreste m'a toujours été plus cher que vous....

EGISTE.

Que dites-vous ? moi qui vous fus plus cher que votre renommée ?...

CLITEMNESTRE.

Existe-t-il une renommée pour celle qui a uni son sort au vôtre ? Ma réputation, mon époux, je vous ai tout sacrifié, excepté la vie de mon fils. Vous, dévoré de l'ambition de régner, guidé par une horrible vengeance, vous n'avez fait aucun cas de ces sacrifices, tant qu'il m'en restoit un à vous faire. A-t-on vu en même-tems un cœur si double et si cruel ? Oreste, alors foible enfant, étoit-il un obstacle à l'amour que vous feigniez d'avoir pour moi ? Et cependant à peine Agamemnon fut-il mort, que vous demandâtes à haute voix le sang de son fils. — Furieux, vous le cherchâtes dans le palais ; ce fer que vous n'aviez pas osé lever sur Agamemnon, vous vouliez l'enfoncer lâchement dans le sein d'un enfant désarmé. On le déroba à votre rage. Ce jour là, je vous connus enfin, mais trop tard. Malheureux fils ! que t'a servi d'échapper à la rage du meurtrier de ton père ? tu as trouvé la mort dans une terre étrangère. Ah ! cruel Egiste, vous m'avez ravi mon fils !... Pardonnez, je fus mère et je ne le suis plus.

EGISTE.

Pourvu qu'Oreste soit mort, je vous laisse vous abandonner à vos regrets et à vos reproches. Mais, dites-moi, à qui ces hommes ont-ils parlé ? Qui sont-ils ? d'où viennent-ils ? qui les a envoyés ? Sont-ils les ambassadeurs d'un roi ? Est-ce moi qu'ils ont demandé en arrivant à Argos ?

CLITEMNESTRE.

Ils vous ont demandé ; Strophius les envoie ; mon malheureux sort les a fait paroître devant moi ; et malgré eux , j'ai voulu savoir la nouvelle qu'ils apportoient. Les deux envoyés, qui paroissent avoir l'un et l'autre un caractère bien différent, sont dans votre palais. L'un, prudent et compâtissant, refusoit de m'annoncer cette cruelle nouvelle ; l'autre impétueux, ardent et barbare, paroissoit jouir de ma douleur. Ce dernier, en vous racontant ce malheur, éprouvera une joie pareille à celle que vous aurez de l'entendre.

EGISTE.

Mais pourquoi Strophius me les envoie-t-il ? Il fut l'ami d'Atride ; tout le monde le sait. N'est-ce pas ce même Strophius qui a sauvé Oreste ? ne lui a-t-il pas donné un asile dans sa cour ?

CLITEMNESTRE.

Pendant quelque tems, il est vrai ; mais Oreste l'a quitté, et depuis ce tems, nous n'en avons point entendu parler.

EGISTE.

Le bruit s'en est répandu, mais qui peut savoir la vérité ? Il est certain cependant qu'Oreste eut pour guide, pour ami, pour défenseur et pour compagnon fidèle, le fils de Strophius, ce Pilade que j'abhorre. Strophius a toujours été mon ennemi; comment a-t-il changé?

CLITEMNESTRE.

Depuis que vous êtes roi, n'avez-vous pas connu le cœur des rois? Barbare! vous vous plaisez à m'entendre vous assurer ce qui cause mon désespoir; je vous en ai dit assez, laissez - moi. — Strophius a cru qu'Oreste pouvoit être utile à ses vues ambitieuses, voilà pourquoi il l'a dérobé à vos coups; voilà pourquoi il l'a reçu, et pourquoi il a feint de l'aimer. Il l'a chassé, quand il a pensé qu'il lui étoit inutile, et qu'il pouvoit lui être dangereux. — Il s'empresse donc à présent de vous avertir le premier de sa mort. — C'est ainsi qu'autrefois vous m'avez aimée, avant que j'eusse immolé mon époux, et que je vous eusse donné son trône; c'est ainsi que maintenant vous me haïssez. L'amour, la vertu, la foi, l'honneur, tout change en vous, suivant les évènemens.

EGISTE.

Vous devez vous en souvenir, je vous ai laissé le choix entre les enfans d'Atrée et ceux de Thieste; vous avez choisi vous-même.

Pourquoi, par vos plaintes éternelles, me reprochez-vous votre choix? Je vous aime autant que vous le méritez.

CLITEMNESTRE.

Egiste, je mets fin à mes plaintes importunes. Méprisez-moi, si vous le pouvez; mais gardez-vous de me le dire jamais. Si l'amour m'a poussée au crime, pensez ce que peuvent produire dans une femme au désespoir, l'amour méprisé, la douleur, le remords et le courroux. (Elle sort.)

SCÈNE VI.

EGISTE.

Ecoutons ces envoyés. Que m'importe le reste!

FIN DU TROISIÈME ACTE.

ACTE QUATRIÈME.

SCÈNE Ire.

ORESTE, PILADE.

PILADE.

Le moment fatal est arrivé; il n'est plus tems de reculer. Tu sais qu'Egiste veut que nous paroissions devant lui; il nous a fait ordonner de l'attendre en ces lieux. Si tu ne contiens pas ta fureur, nous serons venus pour mourir, et non pour frapper. Je ne te dis rien de plus. Continue, si tu le veux, tes imprudences; je suis prêt à mourir comme à donner la mort.

ORESTE.

Malheureux que je suis ! Je sais que je merite un pareil reproche; tu as trop d'amitié pour moi, et jusquà présent je n'en fus pas digne. Excuse-moi. Je me contiendrai en présence d'Egiste; et cela me sera plus facile, je l'espère, que devant celle dont les vêtemens, le visage et les mains me sembloient encore teints de sang. Je cacherai beaucoup mieux ma haine pour un ennemi, que je n'ai pu cacher cette horreur mêlée de pitié dont j'ai été saisi à la vue de ma mère.

PILADE.

Qui t'excitoit contre elle ? Ce n'étoit pas moi.

ORESTE.

C'étoit un ascendant plus fort que moi. Le croirois-tu ? j'avois d'abord le desir de l'immoler; mais après l'avoir vue, j'ai eu celui de l'embrasser. Ces deux mouvemens se combattoient dans mon cœur. —Situation terrible autant qu'inexplicable.

PILADE.

Silence ! Je vois Égiste.

ORESTE.

O ciel ! ma mère vient avec lui.

PILADE.

Ou immole-moi, ou garde le silence.

SCÈNE II.

LES PRÉCÉDENS, ÉGISTE, CLITEMNESTRE, SOLDATS.

EGISTE.

Venez, madame, vous pouvez entendre le récit d'un évènement auquel je ne puis encore ajouter foi.

CLITEMNESTRE.

Barbare ! vous m'y forcez.

EGISTE.

Écoutons.—Étrangers, le roi de la Phocide vous envoie donc à moi, comme des messagers fidèles.

PILADE.

Oui.

EGISTE.

M'apportez-vous une nouvelle certaine ?

PILADE.

Seigneur, un roi nous envoie ; nous parlons à un roi ; nous ne pouvons être soupçonnés d'imposture.

EGISTE.

Mais Strophius ne m'a jamais donné aucun gage d'amitié.

PILADE.

Celui-ci sera le premier. Je ne nierai point qu'autrefois notre maître n'étoit pas tel qu'il se montre aujourd'hui; il étoit entraîné par sa pitié pour le malheureux Oreste ; mais s'il lui donna asile pendant quelque tems, il lui refusa toujours de l'aider par ses armes. Strophius ne voulut jamais vous déclarer la guerre.

ÉGISTE.

Il n'osa peut-être jamais me la faire ouvertement. Mais il suffit. Dans quel lieu ce traître est-il mort ?

ORESTE.

Ce traître !

PILADE.

La terre de Crète possède son tombeau.

EGISTE.

Et comment Strophius l'a-t-il su avant moi ?

PILADE.

Pilade en porta aussitôt la nouvelle à son père ; il avoit été témoin de ce malheur.

EGISTE.

Et qui causa cette mort inattendue ?

PILADE.

La trop grande ardeur de ce jeune homme

infortuné. Par un antique usage de la Crète, on y célèbre, à la fin de chaque lustre, des jeux en l'honneur de Jupiter. Un vain desir de gloire conduisit Oreste sur ce rivage; Pilade, qui ne l'a jamais quitté, l'accompagnoit. Le desir de triompher porta Oreste à disputer le prix ; et il monta sur un char attelé de rapides coursiers. Trop occupé de l'idée de vaincre, il perdit la vie au sein de la victoire.

EGISTE.

Mais comment ? Poursuivez.

PILADE.

Oreste, consumé d'impatience, excite ses coursiers par sa voix menaçante ; il les frappe sans cesse avec son fouet qui tourne sanglant dans les airs. Ces coursiers indomptés volent au-delà du but. Déjà insensibles au frein, sourds aux cris, rien ne peut les calmer. Ils soufflent le feu par leurs narines, leurs crins hérissés flottent dans les airs ; enveloppés dans un nuage épais de poussière, ils parcourent le cirque avec la rapidité de la foudre. Le char fesant plusieurs fois le tour de l'enceinte, porte par-tout l'épouvante, le désordre, l'horreur et la mort. Enfin, il se brise avec fracas contre une colonne de marbre; et le malheureux Oreste tombe renversé...

CLITEMNESTRE.

Ah! c'en est assez. Une mère vous entend, seigneur.

PILADE.

Il est vrai; pardonnez. — Je ne dirai point, qu'horriblement déchiré, il couvrit la terre de son sang... Pilade accourut... mais en vain... Son ami expira dans ses bras.

CLITEMNESTRE.

Mort affreuse !

PILADE.

Toute la Crète pleura, tant ce jeune homme avoit de beauté et de courage...

CLITEMNESTRE (montrant Oreste.)

Eh ! quel autre que ce cruel pourroit retenir ses larmes?... O fils chéri! je ne dois plus te revoir... Mais, hélas! tu passes le Styx, tu embrasses l'ombre de ton père; vous tournez tous les deux sur moi des regards de haine et de colère.—C'est moi, oui, c'est moi qui vous ai immolés.—Mère infâme! coupable épouse!.. Maintenant, Egiste, êtes-vous content ?

EGISTE (à Pilade.)

Votre récit me semble porter le caractère

ACTE IV, SCÈNE II.

de la vérité ; je saurai bientôt si je dois m'y fier. Restez cependant l'un et l'autre dans mon palais ; vous aurez, avant de partir, la récompense que vous méritez.

PILADE.

Nous exécuterons vos ordres. — (à Oreste.) Viens.

ORESTE (à Pilade.)

Allons, allons, il ne m'est plus possible de me taire.

CLITEMNESTRE (à Pilade.)

O vous! qui, sans être transporté de joie, nous avez raconté cet affreux malheur, arrêtez, et dites-moi : pourquoi n'apportez-vous pas à une mère infortunée la cendre de son fils chéri, renfermée dans une urne? Ce seroit un don funeste, mais précieux : c'est à moi qu'il appartient plus qu'à tout autre.

PILADE.

Pilade a mis le feu au bûcher; nul n'a été admis à cette pieuse cérémonie; lui seul a recueilli les cendres de son ami. Il les a baignées de pleurs. Il se réserve ce gage précieux de la plus noble et de la plus sainte amitié qui ait jamais existé sur la terre. Qui pourra le lui enlever?

EGISTE.

Qui pourra le lui demander ? Qu'il le garde. Un ami si cher méritoit de lui un plus grand témoignage d'amitié. Je suis étonné que Pilade ne se soit pas immolé près de son ami mourant, et qu'une même tombe n'ait pas renfermé ce couple si vertueux.

ORESTE.

O rage ! et je dois me taire.

PILADE.

Il est vrai que Pilade n'est point mort de douleur ; mais l'amour qu'il a pour son père l'a peut-être forcé de vivre. Souvent il est plus courageux de vivre que de mourir.

EGISTE.

Pilade me hait autant qu'Oreste me haïssoit.

PILADE.

Nous sommes les envoyés de Strophius ; il desire resserrer les liens d'amitié qui l'unissoient autrefois avec Argos.

EGISTE

Mais il est le père de Pilade ; il recueillit Oreste, comme s'il eût été son fils ; il le défendit contre moi, et il osa le soustraire à ma fureur.

PILADE.

La mort d'Oreste ne suffit-elle pas pour éteindre votre fureur ?

CLITEMNESTRE.

Et quel étoit le crime d'Oreste ?

ORESTE.

D'être le fils d'Atride.

EGISTE.

Quoi ! vous osez...

PILADE.

Seigneur.... dans quel lieu le bruit de vos débats n'est-il point parvenu ? Toute la Grèce sait combien Atride vous haïssoit ; elle sait qu'il proscrivit vos jours, et que vous avez dû proscrire son fils...

ORESTE.

Elle sait que mille fois vous avez tenté de le livrer par trahison à une mort infâme ; elle sait qu'à son seul aspect vous auriez tremblé...

EGISTE.

Que dites-vous ? qui êtes-vous ? Parlez.

ORESTE.

Je suis...

PILADE.

Il est...Ah! ne vous irritez pas, Egiste... il est..

EGISTE.

Qui ?

ORESTE.

Je suis...

PILADE.

Le fils de Strophius, il est Pilade. Nul autre motif ne le conduit à Argos, que le desir de voir le berceau de son cher Oreste. Il vient pleurer avec la mère de son ami. Strophius lui a permis de suivre mes pas, sans se faire connoître ; déposant la pompe de son rang, il est arrivé dans un humble navire, pour n'inspirer aucun soupçon. Strophius m'a confié le soin de son fils ; en entendant parler d'Oreste, Pilade n'a pu se taire. Vous connoissez à présent toute la vérité. Ah ! ne lui faites pas un crime de quelques paroles imprudentes ; ne croyez point qu'il soit venu dans ce lieu pour vous nuire.

CLITEMNESTRE.

Est-il vrai que ce soit Pilade ? Venez, parlez-moi de mon fils... Que je sache au moins...

ACTE IV, SCÈNE II.

EGISTE.

Arrêtez, madame. — Quel qu'il soit, je ne suis pas habitué à souffrir tant d'insolence... Mais quoi! (A Oreste.) vous fixez sur moi des regards pleins de rage et de colère? Vous les tournez ensuite vers la terre comme incertain sur le parti que vous devez prendre? Il est faux que Strophius vous ait envoyés près de moi; vous êtes des traîtres et des imposteurs. Soldats, qu'on les charge de fers....

PILADE.

Ecoutez-moi... Est-il possible qu'un soupçon mal fondé vous fasse violer ainsi les droits des nations?

EGISTE.

Un soupçon! La trahison et la crainte sont gravées sur votre visage.

ORESTE.

Sur le vôtre est gravée la crainte d'un coupable.

CLITEMNESTRE.

Parlez; la nouvelle que vous apportez seroit-elle fausse?

PILADE.

Veuille le ciel!...

ORESTE.

Tremblez-vous déjà que votre fils revive ?
Craignez-vous de redevenir mère ?

EGISTE.

Quel discours ! Un mystère affreux est caché dans ces paroles. Avant que vous ne soyez punis....

PILADE.

Ecoutez-moi....

EGISTE.

Je saurai la vérité. Qu'ils soient traînés dans une prison affreuse.... Il n'y a plus de doute, les traîtres sont les ministres d'Oreste. — Que les plus cruels tourmens leur soient préparés ; je les interrogerai moi-même ; moi-même je veux savoir leurs desseins. Dans peu d'instans je veux m'assurer si Oreste est mort ou vivant. (On emmène Oreste et Pilade.)

SCÈNE III.

ÉGISTE, CLITEMNESTRE, ÉLECTRE.

ELECTRE.

On conduit Oreste à la mort ! Que vois-je ?

ACTE IV, SCÈNE III.

Ma mère, vous laissez conduire votre fils au supplice ?

CLITEMNESTRE.

Mon fils ?

EGISTE.

Oreste ? Dans Argos ? Il est en mon pouvoir ? Oreste est l'un des étrangers ? O joie ! Gardes....

CLITEMNESTRE.

Mon fils !

ELECTRE.

Malheureuse ! Qu'ai-je dit ?

ÉGISTE.

Courez. Ramenez-les en ma présence ; allez, hâtez-vous, volez. O bonheur !

ELECTRE.

Je l'ai trahi moi-même.

CLITEMNESTRE.

Mon fils ! — Cruel, tremblez si vous ne me faites mourir la première.

EGISTE.

Epouse coupable, vous introduisez, vous cachez dans Argos, dans mon palais, mon plus mortel ennemi.

ELECTRE.

Il lui étoit inconnu ainsi qu'à toi. C'est moi seule qui t'ai trompé.

ÉGISTE.

Vous et Oreste serez punis.

CLITEMNESTRE.

Arrachez la vie à moi seule; mais sauvez mes enfans....

EGISTE.

Les rejettons impurs d'Atride? Je ne puis plus contenir ma joie; d'un seul coup, j'immolerai tous mes ennemis. — Mais je vois revenir les traîtres, les voici. Jour heureux!

SCÈNE IV.

LES PRÉCÉDENS, ORESTE, PILADE enchaînés.

EGISTE.

Je sais tout. — Dites seulement lequel de vous deux est Oreste.

PILADE.

C'est moi.

ORESTE.

On t'en impose; c'est moi qui suis Oreste.

ACTE IV, SCÈNE IV.

CLITEMNESTRE.

Lequel est mon fils. Dites-le. Je parerai avec mon sein les coups qu'on voudra lui porter.

ÉGISTE.

Parlez, Electre, et craignez de ne pas dire la vérité. Lequel est votre frère ?

ÉLECTRE (montrant Pilade.)

Le voilà. Il ne l'est que trop.

PILADE.

Oui, c'est moi.

ORESTE.

Ne le crois pas.

PILADE.

Puisque la trame est découverte, cesse de feindre. Qui pourroit déployer la fureur dont je suis animé ?

ORESTE.

Regarde, Égiste, si tu l'oses, regarde la fureur qui étincelle dans mes yeux. Regarde, et ose dire que je ne suis pas le fils d'Atride. Crois-en la terreur que ma voix seule a fait naître dans ton cœur lâche et coupable.

ÉGISTE.

Oui, tu es Oreste, et tu vas mourir de ma main....

CLITEMESTRE.

Egiste, arrêtez, ou tournez votre épée contre mon sein ; elle ne peut arriver à eux que par cette route. Arrêtez. — O ciel ! (A Oreste.) Oui, tout me le dit, tu es Oreste, tu es mon fils.

ORESTE. (la repoussant.)

Portez ailleurs vos mains sanglantes. S'il faut mourir, chacun de nous est Oreste ; s'il faut vous reconnoître pour une mère, nul de nous ne veut l'être.

CLITEMNESTRE.

Cruel ! je ne puis t'abandonner.

EGISTE.

Voilà le prix que mérite votre amour insensé. — Je te reconnois, Oreste, à ta piété filiale. Ces paroles sont dignes de toi et de ton abominable race.

PILADE.

Celui qui ne dut pas la vie à une mère parricide, peut-il s'entendre nommer son fils et garder le silence ?....

ACTE IV, SCÈNE IV.

ORESTE.

Arrête....

ELECTRE. (montrant Oreste.)

Egiste, ne t'en apperçois-tu pas ? Celui-ci est Pilade, et il te cache la vérité pour sauver son ami...

EGISTE.

Sauver son ami ? Eh ! ne mourrez-vous pas tous les deux ?

ORESTE.

Ah! si mes mains n'étoient pas chargées de fers, je te donnerois la preuve certaine que je suis Oreste. Mais puisque je ne puis t'arracher le cœur, vois ce témoignage qui atteste qui je suis.

PILADE.

Ah! cache ce fer....

ORESTE.

Egiste, tu vois ce poignard que je portois pour t'immoler. Vous le voyez, madame. C'est le fer que votre main impie et tremblante a plongé dans le sein de mon père.

CLITEMNESTRE.

Je reconnois le maintien, la voix et la colère d'Atride ; oui, tu es son fils. Si tu ne veux pas recevoir mes embrassemens, tourne ce fer contre mon cœur; c'est en m'immolant, que tu donneras à ton père une vengeance digne de lui. Tant que je respirerai, rien ne pourra me séparer de toi; je veux mourir ou de ta main, ou en te défendant ! — O mon fils ! je suis encore ta mère, viens dans mes bras.

EGISTE.

Que faites-vous ? Un fils parricide...... Gardes, ôtez-lui ce fer...

ORESTE.

Je vous remets ce fer, à vous que j'appèlerai désormais ma mère. Le voilà, prenez-le, vous en connoissez l'usage. Plongez-le dans le cœur d'Egiste ; laissez-moi périr ; la mort me sera chère, si mon père est vengé ; je ne vous demande que cette preuve de votre amour maternel. Que vois-je ? Vous tremblez, vous pâlissez, le fer échappe de votre main. Aimez-vous encore Egiste ? Vous l'aimez, et vous êtes la mère d'Oreste? O rage ! éloignez-vous, je ne veux plus vous voir.

CLITEMNESTRE.

Je me meurs.

ACTE IV, SCÈNE IV.

EGISTE. (*prenant le poignard.*)

Le voilà, le voilà le poignard qui a tué le père ; il m'appartient, et j'en frapperai le fils. Je le reconnois, je l'ai tenu teint déjà d'un autre sang, et je l'ai remis moi-même à Clitemnestre. Mais peut-être, jeune héros, ne connois-tu pas encore tous les coups qu'il a portés ? Atrée, ton aïeul infâme, l'a plongé dans le sein de mes frères, fils du malheureux Thieste son frère. Il fit partie de mon héritage ; c'est sur lui que je fondai toutes mes espérances, et elles ne furent point vaines. J'ai enfin en mon pouvoir tout ce qui reste de cette famille exécrable. Je t'ai reconnu, Oreste, à la soif que j'avois de ton sang. Mais quelle mort pourra être comparable au festin horrible préparé à mon père par ton aïeul cruel ?

CLITEMNESTRE.

La mort à mon fils! Ah! tu mourras le premier.

EGISTE.

Vous m'êtes connue : tremblez pour vous, madame, si jamais.... vous osez....

CLITEMNESTRE.

C'est en vain....

EGISTE.

Tremblez.

ELECTRE.

Assouvis par ma mort la soif que tu as de notre sang. Je suis aussi fille d'Atride. Je tombe à tes pieds....

ORESTE.

Electre, que fais-tu ?

PILADE.

C'est moi qui ai conspiré contre toi. Je n'avois pas comme eux un père à venger, et cependant je suis venu pour te faire périr; tu peux en sûreté exercer ta rage sur moi. Tu ne peux, sans danger, verser le sang d'Oreste dans Argos.

ÉGISTE.

Pilade, Électre, Oreste, vous mourrez tous; et vous, madame, si vous ne calmez pas votre fureur...

ORESTE.

Fais-moi mourir seul. Que te sert-il de faire périr (montrant Electre) une femme foible et désarmée ? Pilade est le fils d'un roi puissant, qui s'empresseroit de le venger.—

Immole-moi seul, te dis-je. — O vous ! (A Electre et à Pilade.) qui êtes la meilleure partie de moi-même, c'est pour vous que je sens la douleur ; ma fureur vous a perdus ; mais qui auroit pu, en écoutant ce traître, contenir sa rage ?... Vous avez tout fait pour me sauver, et c'est moi qui vous fais périr !..

EGISTE.

O joie ! Je peux te punir plus cruellement qu'en te faisant mourir. Qu'Electre et Pilade périssent en sa présence ; et qu'il expire ensuite sur leurs corps mourans.

CLITEMNESTRE.

Barbare !

ELECTRE.

O ma mère ! le laisserez-vous ainsi périr ?

PILADE.

Oreste !

ORESTE.

Je pleure, et je pleure sur vous. — Clitemnestre, vous qui avez commis le crime avec tant de hardiesse, êtes-vous si foible quand il faut l'expier ?

CLITEMNESTRE.

Si je pouvois, mon fils, t'arracher de ses mains....

EGISTE.

Infidelle, ne ne me quittez pas. — Je suis las de vos reproches ; qu'ils finissent. Pourquoi retarder leur mort ? Allez. — Dimante, je vous charge de leur supplice, vous m'en répondez sur votre tête. Suivez-moi, madame. — Thieste ! nous avons obtenu une vengeance tardive, mais entière.

FIN DU QUATRIEME ACTE.

ACTE CINQUIÈME.

SCÈNE Ire.

ÉGISTE, GARDES.

EGISTE

O trahison inattendue ! ô rage ! Oreste délivré ! On verra...

SCÈNE II.

ÉGISTE, CLITEMNESTRE.

CLITEMNESTRE.

Fuyez, fuyez, seigneur.

EGISTE.

Perfide ! courez-vous aux armes ?

CLITEMNESTRE.

Je veux vous sauver, écoutez-moi ; je ne suis plus celle....

ÉGISTE.

Perfide !...

CLITEMNESTRE.

Arrêtez.

EGISTE.

Avez-vous promis de me livrer vivant à ce traître ?

CLITEMNESTRE.

Dussé-je périr, je jure de vous dérober à ses coups; demeurez dans ces lieux; cachez-vous-y ; je pourrai mettre un frein à sa fureur.

EGISTE.

Les armes y mettront un frein plus sûr. Laissez-moi ; je cours....

CLITEMNESTRE.

Où ?

EGISTE.

L'immoler.

CLITEMNESTRE.

Vous courez à la mort. O ciel ! que faites-vous ? N'entendez-vous pas les hurlemens et les menaces du peuple révolté ? Arrêtez, je ne vous quitte pas.

EGISTE.

En vain prétendez-vous dérober à la mort votre fils sacrilège. — Mettez fin à vos prières, laissez-moi....

ACTE V, SCÈNE II.

CLITEMNESTRE.

Si vous n'y cédez pas, faites-moi périr. Oreste ! Entendez-vous répéter le nom d'Oreste ? Ce terrible nom rétentit de tous côtés. Ah ! je ne suis plus mère, si vous êtes en danger ; je redeviens funeste à mon propre sang.

EGISTE.

Vous le savez, les Argiens vous détestent ; si vous vous présentez à leur vue, vous redoublerez leur colère. Mais le bruit augmente. Cruelle ! c'est vous qui êtes la cause de cette révolte ; pour vous complaire, j'ai retardé ma vengeance ; maintenant elle tombe sur moi.

CLITEMNESTRE.

Faites-moi donc mourir.

EGISTE.

J'ai d'autres moyens de me sauver.

CLITEMNESTRE.

Je vous suis.

EGISTE.

Votre présence me seroit funeste ; laissez-moi ; sous aucun prétexte, je ne veux vous avoir à mes côtés.

SCÈNE III.

CLITEMNESTRE (seule.)

Je suis rejetée par tout le monde. — Situation horrible ! Mon fils ne me reconnoît plus pour sa mère ; Egiste ne me reconnoît plus pour son épouse ; et cependant je suis mère et épouse. Malheureuse ! je veux le suivre de loin et ne le pas perdre de vue.

SCÈNE IV.

ÉLECTRE, CLITEMNESTRE.

ELECTRE.

Ma mère, où courez-vous ? Rentrez dans le palais ; un grand péril....

CLITEMNESTRE.

Dites-moi, où est Oreste ? que fait-il ?

ÉLECTRE.

Pilade, Oreste et moi, nous sommes sauvés. Les satellites même d'Egiste ont eu pitié de nous. *Voilà Oreste !* s'est écrié Dimante ; sur-le-champ le peuple s'est écrié : *Vive Oreste ! qu'Egiste meure !*

ACTE V, SCENE IV.

CLITEMNESTRE.

Qu'entends-je ?

ELECTRE.

Ah ! ma mère, calmez-vous. Vous reverrez bientôt votre fils couvert des dépouilles sanglantes du tyran.

CLITEMNESTRE.

Cruelle ! laissez-moi, je vole...

ELECTRE.

Non, non, demeurez. Le peuple frémit; il vous appelle à haute voix épouse parricide. Ne vous montrez pas dans ce moment; vous pourriez courir un grand danger ; je viens vous sauver. La douleur d'une mère s'est déployée en vous, lorsque vous nous avez vus traîner à la mort ; vous avez ainsi expié votre crime. Mon frère m'envoie près de vous pour vous consoler, pour vous donner des secours, et pour vous épargner un spectacle cruel. Pilade et lui cependant cherchent par-tout Egiste. Où est ce traître ?

CLITEMNESTRE.

Le traître est Oreste.

ELECTRE.

Ciel ! qu'entends-je ?

CLITEMNESTRE.

Je cours sauver Egiste, ou mourir avec lui.

ELECTRE.

Non, ma mère, vous n'irez pas. Le peuple en fureur...

CLITEMNESTRE.

Je dois partager son sort; j'irai...

ELECTRE.

O ma mère! vous desirez sauver ce monstre qui vouloit faire périr vos enfans...

CLITEMNESTRE.

Oui, je veux moi-même le sauver. Laissez-moi sortir; il faut enfin que je remplisse mon horrible destin. Egiste est mon époux; il me coûte assez cher; je ne veux, ni ne puis le perdre. Je vous abhorre, vous n'êtes plus mes enfans, vous êtes des traîtres. Je veux aller près d'Egiste; laissez-moi, perfide; quoi qu'il en coûte, j'irai: veuille le ciel qu'il soit encore tems!

SCÈNE V.

ELECTRE (seule.)

Courez donc remplir votre destinée, puisque vous le voulez..... mais vous arriverez trop tard, je l'espère. — Que ne puis-je aussi armer d'un fer ma foible main, et frapper le sein d'Egiste de mille coups. Mère aveuglée, ah ! combien ce traître a su vous séduire ! — Mais cependant, je tremble. — Si le peuple irrité vengeoit sur elle la mort de son roi. — O ciel ! suivons ses pas. — Mais qui s'approche ? Pilade ! Mon frère n'est pas avec lui.

SCÈNE VI.

ELECTRE, PILADE, suite.

ELECTRE.

Dites-moi, où est Oreste ?

PILADE.

Il entoure le palais de soldats; notre proie ne peut plus nous échapper. Où Egiste s'est-il caché ? L'avez-vous vu ?

ELECTRE.

J'ai vu, et j'ai voulu retenir en vain son épouse forcenée; elle est sortie par cette porte, en disant qu'elle alloit couvrir Egiste de son corps. Le tyran étoit donc déjà sorti du palais ?

PILADE.

A-t-il osé se montrer aux Argiens ? S'il a eu cette audace, il a déjà cessé de vivre. Heureux celui qui l'a frappé le premier ! — Mais le bruit s'approche....

ELECTRE.

J'entends le nom d'Oreste. Ah ! peut-être...

PILADE.

Le voilà, il vient rempli de fureur.

SCÈNE VII.

LES PRÉCÉDENS, ORESTE.

ORESTE.

Qu'aucun de vous ne se prépare à tuer Egiste ; c'est mon fer seul qui doit le frapper. —Egiste ! où es-tu, lâche ? Egiste, où es-tu ? Viens, la voix de la mort t'appelle. Où es-tu ? Ne sors-tu pas ? Ah ! perfide, tu te caches, mais c'est en vain ; je te poursuivrai jusques dans le fond de l'Erebe. Tu verras, tu verras bientôt si je suis fils d'Atride.

ELECTRE.

Il n'est point ici.

ACTE V, SCENE VII.

ORESTE.

Perfides, vous l'avez peut-être immolé sans moi !

PILADE.

Il a fui de ce palais avant que nous n'arrivassions.

ORESTE.

Il se cache dans ce palais; je saurai l'en tirer.—Je te traînerai par les cheveux, Egiste; tes prières sont vaines; le ciel, la terre ne te déroberoient pas à ma fureur; je te ferai sillonner la poussière jusqu'à la tombe d'Atride; là, je ferai couler à grands flots tout ton sang adultère.

ELECTRE.

Oreste, ne me crois-tu pas ?

ORESTE.

Qui es-tu ? Je veux Egiste.

PILADE.

Il fuit.

ORESTE.

Il fuit ? Et vous, lâches, vous restez ici ? Je le trouverai bien, moi.

SCÈNE VIII.

LES PRÉCÉDENS, CLITEMNESTRE.

CLITEMNESTRE.

Grace, mon fils.

ORESTE.

Grace... De qui suis-je fils ? Je suis fils d'Atride.

CLITEMNESTRE.

Egiste est chargé de chaînes.

ORESTE.

Il respire encore, ô joie ! je pourrai l'immoler.

CLITEMNESTRE.

Arrête, c'est moi seule qui ai tué ton père. Donne-moi la mort; Egiste ne fut pas coupable.

ORESTE.

Qui me retient le bras ? qui m'arrête ? ô rage ! je vois Egiste... on l'entraîne ici...

CLITEMNESTRE.

Oreste, ne connois-tu pas ta mère ?

ACTE V, SCÈNE IX.

ORESTE.

Qu'Egiste meure! qu'il meure de la main d'Oreste!

CLITEMNESTRE.

Tu me fuis.... tu m'immoleras la première.

ELECTRE.

Pilade, courez, retenez-la, volez, ramenez-la ici.

SCÈNE IX.

ELECTRE (seule.)

Je tremble.—Elle est ma mère; je dois en avoir pitié.—Cependant elle voyoit ses enfans prêts à souffrir dans ce palais une mort infâme; leur témoignoit-elle autant de douleur que, dans ce moment, elle en montre pour Egiste? avoit-elle autant de courage pour les défendre?—Mais le jour si long-tems desiré est enfin venu. Tyran cruel, tu vas tomber enfin. — J'entends une seconde fois retentir le palais des mêmes gémissemens, des mêmes cris, qui accompagnèrent la mort d'Atride, dans l'horrible nuit où il fut assassiné.—Dejà Oreste a porté le coup. Egiste tombe; le tumulte populaire me l'annonce. Je vois Oreste vainqueur ; son épée est teinte de sang.

SCÈNE X.

ÉLECTRE, ORESTE.

ELECTRE.

O mon frère ! viens à moi. Vengeur du roi des rois, de ton père, de ta sœur, d'Argos, viens dans mes bras...

ORESTE.

Ma sœur, tu vois en moi un digne fils d'Atride. Regarde, c'est le sang d'Egiste. A peine l'ai-je apperçu, que j'ai couru à lui ; je ne me suis pas souvenu de le traîner sur la tombe de mon père. J'ai plongé six fois ce fer dans son cœur lâche et tremblant.—Et cependant je n'ai pas encore assouvi la soif ardente que j'avois de son sang !

ELECTRE.

Clitemnestre n'est donc pas arrivée assez tôt pour te retenir le bras.

ORESTE.

Eh ! qui l'auroit pu ? Me retenir le bras ! je

me suis précipité sur le traître ; l'éclair est moins rapide. Le lâche pleuroit ; et ses pleurs infâmes redoubloient ma rage. Ah ! mon père, tu es tombé victime d'un homme qui ne savoit pas mourir.

ÉLECTRE.

Notre père est vengé. Calme tes esprits, et dis-moi, n'as-tu pas vu Pilade ?

ORESTE.

Je n'ai vu qu'Egiste. — Où est Pilade, cet ami si cher ? Comment ne m'a-t-il pas secondé dans cette grande entreprise ?

ELECTRE.

Je lui avois confié notre mère égarée par un désespoir insensé.

ORESTE.

Je ne sais ce qu'ils sont devenus.

ELECTRE.

Pilade revient. — O ciel ! que vois-je ? Il revient seul.

ORESTE.

Il paroît triste.

SCÈNE XI.

LES PRÉCÉDENS, PILADE.

ORESTE.

Pourquoi cette tristesse ? Est-ce toi, cher ami ? Ne sais-tu pas que j'ai tué le tyran ? Vois, mon fer dégoutte encore de son sang. Tu n'as point partagé mes coups ; ta vue s'en est donc rassasiée ?

PILADE.

O ciel ! — Oreste, donne-moi ce fer.

ORESTE.

Pourquoi ?

PILADE.

Donne-le-moi.

ORESTE.

Le voilà.

PILADE.

Ecoute-moi. — Il ne nous est pas permis de demeurer plus long-tems sur cette terre.

ORESTE.

Mais quoi....

ELECTRE.

Ah ! Parlez, où est Clitemnestre ?

ACTE V, SCÈNE XI.

ORESTE.

Laisse-la. Elle allume peut-être un bûcher pour son coupable époux.

PILADE.

Ta vengeance n'est que trop accomplie. Viens, ne cherche point....

ORESTE.

Oh ! que dis-tu ?

ELECTRE.

Je vous redemande ma mère, Pilade.— Oh! quelle crainte glace mes veines !

PILADE.

Le ciel....

ELECTRE.

Ah ! peut-être la mort...

ORESTE.

Dans sa fureur, elle a peut-être tourné contre elle son poignard....

ELECTRE.

Pilade... O ciel!.... vous ne répondez pas.

ORESTE.

Parle. Qu'est-elle devenue ?

PILADE.

Elle est égorgée....

ORESTE.

Et par quelle main ?

PILADE.

Ah ! sortons.

ELECTRE (à Oreste.)

Tu l'as tuée.

ORESTE.

Moi ! parricide ?

PILADE.

Tu l'as frappée involontairement. Aveuglé par la colère, tu te précipitois sur Egiste.

ORESTE.

Quelle horreur me saisit ! — Moi, parricide ! — Donne-moi ce fer, Pilade, je le veux....

PILADE.

Jamais.

ELECTRE.

Mon frère....

PILADE.

Malheureux Oreste !

ORESTE.

Qui m'appelle son frère ? -- C'est toi, perfide, qui m'as sauvé la vie pour me rendre parricide. — Rends-moi ce fer, rends-le moi.... O rage ! Où suis-je ? qu'ai-je fait ? qui me retient? qui me poursuit ? — Où fuir? où me cacher ? — O mon père! quels affreux regards tu lances sur moi. Tu m'as demandé du sang.... C'est pour toi seul que je l'ai versé.

ELECTRE.

Oreste! Oreste... malheureux frère !... Il ne m'entend plus... il est hors de lui.... Ne le quittons point, Pilade.

PILADE.

O destin! tes lois sont affreuses et inévitables.

FIN DU CINQUIÈME ET DERNIER ACTE.

EXAMEN D'ORESTE.

Ce sujet a été traité tant de fois, qu'il étoit difficile d'y trouver des combinaisons nouvelles. Eschile fut le premier qui le fit connoître aux Grecs. Devenu l'objet d'une noble lutte entre les deux successeurs de ce grand poëte, il valut à Sophocle une des victoires les plus flatteuses qu'il ait remportées sur Euripide.

Sous le règne de Louis XIV, Longepierre, grand partisan de la littérature grecque, essaya de ramener sur notre théâtre la simplicité antique. Son Electre, entièrement dépourvue d'épisodes, ne présentant aucune intrigue amoureuse, auroit probablement contribué, par son succès, à bannir du théâtre français les situations et les sentimens romanesques, dont l'excellent goût de Racine n'avoit pu parvenir à le purger; mais le talent de l'auteur ne répondit pas à l'entreprise qu'il s'étoit proposée. L'incorrection de son style, son défaut absolu de sensibilité, la sécheresse de son imagination, ne justifièrent que trop les épigrammes de Racine. Il paroît que ce malheureux succès jeta beaucoup de défaveur sur le théâtre grec; car Crébillon qui vint quelque tems après, ne craignit pas, dans son Electre, d'ailleurs pleine de beautés du premier ordre, de s'éloigner entièrement des combinaisons de Sophocle et d'Euripide. Voltaire profita de cette erreur de Crébillon, et composa, sous le nom d'Oreste, une tragédie sans épisodes et sans amour, où il montra, dans leur véritable jour, les beautés simples qu'on n'avoit pas assez senties.

Alfieri, très-partisan des formes grecques, trouva que Voltaire ne les avoit pas suffisamment conservées dans son Oreste. « Voltaire, dit-il, s'est proposé de » supprimer les confidens, et a cru y avoir réussi. » J'en appelle à tout lecteur impartial ; qu'il dise si » Pammene, Iphise et Pilade même ne sont pas des » personnages secondaires ; s'ils sont nécessaires à » l'action, s'ils y agissent, s'ils émeuvent ou s'ils » refroidissent les spectateurs. » Une critique aussi sévère forçoit l'auteur à surpasser le poëte français, du moins dans la contexture de la pièce. On remarque aussi qu'Alfieri y a employé tous ses moyens, et que, dans quelques endroits, il s'est élevé au-dessus de lui-même.

Le caractère d'Egiste et celui de Clitemnestre sont tracés d'une manière nouvelle et fort théâtrale. L'un présente l'image d'un coupable qui, une fois entré dans la carrière du crime, est décidé à ne plus reculer ; l'autre offre une femme qui éprouve de l'horreur pour son complice, et qui cependant ne peut étouffer l'amour qu'il lui inspira autrefois. Pilade se trouve dans une situation que n'avoit imaginée aucun des auteurs qui ont traité ce sujet ; par ce moyen, l'auteur a su l'attacher à l'action, et s'est cru en droit de reprocher à Voltaire de ne l'avoir pas rendu assez utile.

En se passant du rôle d'Iphise, qui rappelle la Chrysotémis de Sophocle, Alfieri ne s'est pas éloigné aussi heureusement des combinaisons de l'auteur français. En effet, on voit qu'Electre auroit besoin d'une sœur, d'une amie, dont le caractère doux et timide fît contraste avec le sien, qui écoutât ses plaintes, et qui cherchât à calmer ses fureurs.

Malgré ce léger défaut, on peut regarder Oreste comme une des plus belles tragédies d'Alfieri.

TIMOLÉON,

TRAGÉDIE EN CINQ ACTES.

PERSONNAGES.

TIMOLÉON.
TIMOPHANE.
DÉMARISTE.
ESCHILE.
SOLDATS DE TIMOPHANE.

(La scène est à Corinthe, dans la maison de Timophane.)

TIMOLÉON,

TRAGÉDIE EN CINQ ACTES.

ACTE PREMIER.

SCÈNE Ire.

TIMOPHANE, ESCHILE.

TIMOPHANE.

N'en doute point, Eschile ; si tu vois mon épée teinte de sang, ce n'est point la tyrannie qui l'a versé ; l'intérêt de tous, la gloire de Corinthe qui m'a confié sa puissance, m'ont seuls décidé à employer la force.

ESCHILE.

Le ciel sait si je t'aime. Dès notre enfance nous fûmes unis par l'amitié la plus tendre, et nous y avons ajouté d'autres nœuds plus saints, ceux du sang. Le jour où je t'ai donné pour épouse une sœur chérie, a été le plus beau de mes jours. L'admiration s'est jointe à mon amitié, quand, combattant à tes côtés, je t'ai vu signaler ta haute valeur contre Argos. — Tu ne peux ni ne dois être un citoyen obscur ; mais je vois que tu fais tomber les têtes les plus illustres de Corinthe ; je vois que l'on te regarde ici comme un tyran. Jusqu'à présent je n'ai pas cru que tu le fusses; mais je suis accablé de la plus grande douleur, lorsque j'entends qu'on te le reproche.

TIMOPHANE.

Suis-je moins malheureux d'être obligé de tenir cette conduite? Il n'existe aucun autre moyen de rendre la paix à notre patrie. Mes concitoyens ont eux-mêmes arrêté que quatre cents soldats n'obéiroient qu'à mes ordres. Il est vrai que quelques têtes illustres sont tombées ; mais elles étoient coupables, et dévouées depuis long-tems à la vengeance publique. Il reste encore assez de ces indignes citoyens prêts à se vendre eux-mêmes, à vendre leur patrie ; eux seuls osent murmurer contre moi. Mon pouvoir est un trop grand obstacle à leurs pratiques criminelles : voilà d'où viennent toutes les plaintes.

ESCHILE.

Je sais que les discordes civiles, les factions,

la puissauce des grands, ont presqu'entraîné Corinthe à sa perte. J'aurois peine à dire quelle forme de gouvernement nous convient le mieux aujourd'hui ; mais je dis, et tous les Corinthiens le disent avec moi, que nous ne voulons qu'un gouvernement libre. Les moyens que tu emploies pour rétablir la paix intérieure nous seroient agréables, s'ils coûtoient moins de sang.

TIMOPHANE.

C'est pour l'épargner qu'on en verse. Si je ne porte pas le fer sur les membres cangrénés de ce corps malade, comment pourrai-je le guérir ? J'ai déjà délivré Corinthe d'une partie de ses magistrats les plus corrompus. Il est tems que je remonte à la source de tant de maux, et qu'avec de meilleures lois, je rende le bonheur à la république. Si on appelle tyran celui qui change les lois, je suis un tyran; si celui seul qui les foule aux pieds mérite ce nom, je ne le suis pas. Mon ouvrage est l'expression de la volonté du plus grand nombre. La minorité s'en plaindra. Que m'importe !

ESCHILE.

Mépriseras-tu les mécontens, si ton frère

Timoléon, dont la vertu n'est pas suspecte, embrasse leur parti ? Il t'aime plus que lui-même, et cependant il blâme ta conduite. Je veux croire que tu as un but utile ; mais tu es trop impétueux, et tu emploies des moyens trop violens. S'emparer du pouvoir suprême, quel que soit l'usage qu'on en fasse, crois-moi, Timophane, c'est s'exposer au plus grand danger. Celui que tu cours me fait frémir. On abuse bientôt du pouvoir absolu.

TIMOPHANE.

Tu parles sagement. Mais si l'audace ne fait pas réussir les grandes entreprises, la foible sagesse le peut encore moins. Vois Lycurgue dans Sparte : il voulut employer son pouvoir au bonheur de son pays ; mais pour anéantir la tyrannie, il fut obligé, avant tout, de se faire tyran. Ah ! il n'y a que la force qui puisse ramener au bien les hommes corrompus.

ESCHILE.

Tu as la force. Veuille le ciel que tu en fasses un usage vertueux !

SCÈNE II.

DÉMARISTE, TIMOPHANE, ESCHILE.

DEMARISTE.

Mon fils, on parle de vous diversement dans Corinthe. Je me glorifie d'être votre mère, puisque vous avez été le plus brave défenseur de votre patrie ; mais je vois avec chagrin qu'on vous suppose des vues particulières et coupables. Ce seroit un tourment pour moi, si, dans cette ville, un seul homme vous haïssoit, quoiqu'à tort. Je suis dans une cruelle inquiétude.

TIMOPHANE.

O ma mère ! vous m'aimeriez moins si vous aviez moins de crainte. Je marche il est vrai à une gloire périlleuse ; mais telle est la différence de nos devoirs, vous devez trembler, moi je dois entreprendre.

DEMARISTE.

Cette audace guerrière me plaît. Je ne me regarde pas comme les autres femmes : je suis mère de deux héros, dont un seul suffiroit pour m'élever au-dessus de toutes les mères.

— Je ne desire plus que de voir Timoléon partager vos entreprises, et joindre sa prudence à votre valeur.

TIMOPHANE.

Peut-être qu'au fond de son cœur, Timoléon pense comme moi. Mais il refuse de partager avec moi cette haine passagère que produisent toujours les choses nouvelles. Il me laisse seul consommer cette périlleuse entreprise.

ESCHILE.

Tu te trompes, je te l'ai déjà dit. Timoléon n'approuve pas ton entreprise ; s'il l'approuvoit, tu aurois beaucoup moins d'ennemis.

DEMARISTE.

Vous avez raison, Eschile. Mon fils, pouvez-vous balancer à associer Timoléon à vos travaux ? Sa douceur pourroit calmer votre impétuosité. Déjà les mères privées de leurs fils, me regardent avec indignation ; les veuves, les orphelins me croient la cause de leurs maux. Vous avez fait périr plusieurs citoyens. Si c'est avec justice, pourquoi votre frère vous blâme-t-il ? Si c'est injustement, pourquoi les avez-vous condamnés ? Ce n'est pas la force qui peut nous donner le premier rang, c'est la vertu. Qu'on pleure sur les traces de mes fils, mais que ce soit dans le champ de bataille. Versez le sang des ennemis de l'état ; mais faites-vous chérir par vos concitoyens. Qu'ils me bénissent de vous avoir donné le jour.

TIMOPHANE.

On trouve la gloire dans les camps, mais l'homme courageux la trouve par tout. Dans l'oisiveté d'une ville, l'envie adroite et calomnieuse, la dispute à celui qui la cherche. Il est nécessaire d'étouffer ce serpent dangereux. Celui qui y réussit, obtient une gloire mêlée de peines, et fait précéder, par de courtes sévérités, un bonheur pur et durable. Je vois avec chagrin que mon frère me témoigne moins d'amitié, depuis que je mérite plus de gloire.

DEMARISTE.

Vous pourriez lui supposer cette indigne pensée ?..

TIMOPHANE.

Je ne le crois pas. Cependant...

ESCHILE.

Tu ne peux consommer une grande entreprise, si tu n'emploies le bras et la prudence de ton frère.

TIMOPHANE.

Et qui l'empêche de s'associer à moi ? Mille fois je l'en ai prié ; mais il a toujours refusé. Je consens qu'il me seconde ; je ne veux pas qu'il me traverse.

DEMARISTE.

Croyez-vous que je souffre que vous couriez quelque péril, qu'il ne vous y suive ; que vous cueilliez quelque laurier, qu'il ne le partage ? Eschile, allez auprès de lui. Trouvez-le dans cette maison, qu'il habite depuis qu'il a quitté celle de sa mère et de son frère. Amenez-le. Nous pourrons le convaincre. Aujourd'hui, une seule pensée, un seul but, une seule volonté, animeront Démariste et ses fils.

SCÈNE III.

DÉMARISTE, TIMOPHANE.

TIMOPHANE.

Peut-être cédera-t-il à vos prières : depuis long-tems il est sourd aux miennes, et il me fuit comme un ennemi. Vous entendrez enfin de quelle noire couleur il couvre tous mes projets.

ACTE I, SCÈNE III.

DEMARISTE.

Timoléon fut toujours vertueux ; ne croyez pas que je vous blâme, en lui donnant cet éloge. Une mère peut louer un de ses fils devant son autre fils. Il est nécessaire que nous apprenions pourquoi il vous fuit. Il vous aime, vous le savez. Souvent avec sa prudence prématurée, il a contenu les élans de votre fougueux caractère : c'est lui qui vous a fait nommer commandant des cavaliers de Corinthe. Vous devez vous souvenir que dans ce jour fatal, où, aveuglé par votre valeur, vous vous étiez précipité au milieu des lances argiennes, il vous a soustrait à votre perte. Entouré de périls, n'a-t-il pas conservé lui seul, à nos guerriers, l'honneur ; à Corinthe, la victoire ; à vous, la vie ?

TIMOPHANE.

Je ne suis point ingrat, ma mère ; je n'oublie pas cet évènement. Si je dois la vie à Timoléon, je la conserve pour lui. J'aime mon frère autant que la gloire. J'affronte seul les dangers ; il pourra ensuite jouir avec moi des douceurs de la paix. Mais, que dis-je ? il n'est plus pour moi le même depuis long-tems.

Ses plus intimes amis sont mes ennemis les plus cruels. Ce puissant Archidas, ce juge inique, qui gouverne, comme il le veut, le vil reste de nos magistrats; lui, qui plein de colère et d'envie, demande sans cesse ma mort, est l'ami inséparable de mon frère, et règle toutes ses actions. — Pourquoi le cruel m'a-t-il conservé la vie, s'il veut m'enlever ce qui m'est plus précieux : la renommée?

DÉMARISTE.

Ne soupçonnez point ses intentions, avant de l'avoir entendu.

TIMOPHANE.

Nous l'entendrons, ma mère. Ah! puissé-je jamais n'être obligé de l'appeler frère ingrat et dénaturé! Ne savez-vous pas qu'il veut m'enlever le pouvoir que j'ai obtenu, et qu'il ose s'en vanter?

DÉMARISTE.

Il sera mieux que vous le partagiez. Vous avez une égale valeur ; sa prudence est plus grande que la vôtre, souffrez que je vous le dise. Que ne ferez-vous pas si vous êtes unis? Quel excellent gouvernement pourrez-vous établir! Et quelle mère sera plus heureuse que moi, si je vous vois brillans de la même gloire, jouissant de la même puissance, héros, frères, amis!

TIMOPHANE.

J'y ferai tous mes efforts, je vous le jure.

FIN DU PREMIER ACTE.

ACTE SECOND.

SCÈNE Ire.

TIMOPHANE, ESCHILE.

ESCHILE.

Timoléon arrive dans ce moment : il a eu peu d'égards à tes prières et aux miennes ; il n'a cédé qu'aux instances de sa mère.

TIMOPHANE.

Je sais que, quoique doué des plus brillantes vertus, il n'a aucune flexibilité dans l'esprit. Mais mon pouvoir étant établi sur la justice et sur la force, ce sera aujourd'hui ou jamais, qu'il se rendra à mes raisons.

ESCHILE.

Celui de vous deux que j'entends le dernier, me paroît le plus juste : cependant la justice est une. Uni à toi par les liens du sang et de l'amitié, attaché à lui par l'estime et le respect, je voudrois vous donner à tous deux des preuves de mon dévouement. Ah ! soyez

ACTE II, SCÈNE II.

unis, et daignez faire usage de mes services; disposez de moi, de mon cœur, et de mon épée.

TIMOPHANE.

Je te connois bien, mon cher Eschile.... Mais je vois venir Timoléon; laisse-moi avec lui, je veux lui parler seul. Peut-être que, dans un entretien secret, il m'ouvrira son cœur plus volontiers.

SCÈNE II.

TIMOLÉON, TIMOPHANE.

TIMOPHANE.

Je te revois enfin, mon frère; tu reviens au sein de nos dieux domestiques, qui sont toujours les tiens, quoique tu les aies abandonnés. Je vois avec peine que les ordres de ta mère, et non ta propre volonté, te ramènent aujourd'hui auprès de ton frère.

TIMOLEON.

Timophane....

TIMOPHANE.

Qu'entends-je ? Tu ne m'appelles plus ton frère. Rougirois-tu de ce nom ?

TIMOLEON.

Nous sommes nés d'une même mère, et d'une même patrie. J'ai toujours été ton frère jusqu'à présent; mais toi, tu ne m'en as donné que le nom.

TIMOPHANE.

Ah ! tu me fais un reproche cruel et que je n'ai pas mérité.... Qui de nous deux s'est emporté le premier contre l'autre ? Si la division est entre nous, n'est-ce pas toi seul qui es irrité ? Tu m'as fui, tu t'es éloigné de la maison de ta mère : n'ai-je pas employé pour te retenir, prières, supplications et larmes ? Mais tu as plutôt prêté l'oreille à d'horribles calomnies, qu'à la voix de ton frère. Je n'ai point opposé la haine à ta haine; au contraire, je n'y ai opposé que la douceur, l'amitié et la raison : mais en vain. — Vois maintenant combien j'ai d'estime pour toi ; tu m'as abandonné quand j'étois heureux ; et j'ai cru, sans en douter, que tu reviendrois à moi, si la fortune m'étoit contraire. Toujours j'espérois que je parviendrois à t'adoucir, et à te faire partager mon empire tranquille...

TIMOLEON.

Tranquille ! Ah ! que dis-tu ? Depuis que je

ACTE II, SCÈNE II.

ne t'ai vu, tu as donc parcouru dans toute son étendue, l'horrible carrière de la royauté ? Repandre le sang tous les jours, tu appelles cela un empire tranquille !

TIMOPHANE.

Mais toi-même, dans ces jours où brilloient la justice et la vérité, ne m'as-tu pas donné le glaive du pouvoir ? N'as-tu pas obtenu que pour prix de mes services, on me donnât ce pouvoir ? Par quelle fatalité croit-on toujours que le sang versé par un seul, soit injustement répandu ? Et ne croit-on à la justice que quand elle est exercée par plusieurs ?

TIMOLEON.

Ecoute-moi. — Nous avons été élevés ensemble, et nous nous connoissons bien tous les deux. Ton ardente ambition qui t'a toujours empêché de céder, t'ôte la faculté de gouverner avec modération. Je t'ai vu tel dans ta maison, à Corinthe et dans les camps.

TIMOPHANE.

Me reprocherois-tu par hasard de m'avoir sauvé, et de m'avoir fait remporter une victoire ?

TIMOLEON.

Ce n'est point un bienfait que je t'ai rendu, c'est un devoir que j'ai rempli. La fortune m'a bien servi dans cette occasion. Ne fais pas que je m'en repente. Je n'ai jamais vu guerrier plus brave que toi ; jamais Corinthe n'eut un chef plus intrépide. Mais quand on crut que, pour prévenir les discordes intestines, il étoit nécessaire d'avoir à Corinthe des soldats en armes, ce fut la plus grande des imprudences que de leur donner un chef perpétuel. Si tu as été élevé à cet honneur dangereux ; si on a réuni en toi le pouvoir civil avec le pouvoir militaire, ne m'en imputes pas la faute. Je ne cache pas que j'aurois eu honte de m'élever contre mon frère plus que contre un autre citoyen ; mais depuis ce fatal moment, j'ai tremblé pour toi et encore plus pour la patrie. Mon cœur n'a point éprouvé de jalousie, mais j'ai pleuré sur ta grandeur.

TIMOPHANE.

Ma grandeur ! Eh ! n'étoit-elle pas aussi la tienne ? N'aurois-tu pas été, si tu l'avois voulu, mon conseil et mon guide ? Unissant ma valeur à ta prudence, qu'avions-nous à craindre?

TIMOLEON.

Soit que tu te regardes comme mon frère, ou comme mon maître, tu te trompes dans tous les projets que tu as sur moi. — Mais dis-moi, n'as-tu pas été sourd à toutes mes remontrances depuis ce jour fatal où tu es parvenu à un pouvoir usurpé ? — Notre maison n'a-t-elle pas été entourée de soldats ? N'en sortois-tu pas avec l'appareil de la royauté ? Ne voyoit-on pas sur tous les visages la crainte mêlée à l'indignation ? Le seuil de cette demeure que j'ai abandonnée, n'est-il pas inondé de flatteurs ? Ta porte fermée à la vérité, n'est-elle pas ouverte aux seuls délateurs altérés d'or et de sang ? N'es-tu pas entouré de mercenaires et de vils satellites ? Le silence, la terreur, les pleurs, l'indignation ne te suivent-ils pas toujours ? — N'ai-je pas vu tout cela ? Cet affreux cortège pouvoit-il être le mien ? Je suis sorti de cette maison, parce qu'un citoyen ne pouvoit plus l'habiter; et loin d'être enflammé de colère, je n'ai eu pour toi que de la pitié. J'ai plaint ton erreur et ton orgueil insensé. J'excusois souvent ta conduite ; souvent les grands et le peuple m'ont entendu assurer que tu ne prétendois pas à la tyrannie. Malheureux que je suis! je déguisois pour toi la vérité ; je trahissois presque ma patrie, car je te connoissois. Je l'ai fait, ingrat, pour te soustraire au danger, pour m'épargner la honte d'être le frère d'un tyran; non pour t'ouvrir la route du trône, mais pour te ménager celle du repentir.

TIMOPHANE.

Et pour y parvenir, tu choisis pour amis mes plus cruels ennemis.

TIMOLEON.

J'ai choisi pour amis ceux qui aimoient la patrie. Ce n'étoit point par haine pour toi, mais par amour pour elle. Je voulois suspendre au moins, puisque tu ne veux pas la détourner, cette juste vengeance qu'un citoyen ne peut refuser à sa patrie opprimée. Je n'ai pas voulu réprimer les premiers actes de ta tyrannie. Combien je me trompois! Pour t'épargner la honte que tu méritois, je t'ai laissé répandre le sang innocent ou coupable, sans qu'aucune loi t'y autorisât. Je t'aimois trop, je préférois trop le nom de frère à celui de citoyen. Je me flattois que la haine, les soupçons, la crainte qui agitent sans cesse le cœur de celui qui s'élève à la tyrannie, déchireroient le tien, et te porteroient à rentrer en toi-même.... Je l'espérois, et je l'espère encore, oui, mon frère. Je te le demande : vois les larmes d'un citoyen et d'un frère; écoute la voix de Timoléon qui n'a jamais tremblé pour lui. Dans ce jour, tu es arrivé au point qui sépare le tyran du citoyen; il faut, ou revenir sur tes pas, ou cesser d'être mon frère.

TIMOPHANE.

Archidas parle par ta bouche : je reconnois tous ses sentimens.

SCÈNE III.

LES PRÉCÉDENS, DÉMARISTE.

TIMOPHANE.

Ah! venez, ô ma mère! j'ai besoin de votre secours pour adoucir le cœur de Timoléon.

TIMOLEON.

Oui, venez, ma mère, j'ai besoin de vous pour retrouver un frère.

DEMARISTE.

Vous vous aimez tous deux : pourquoi votre amitié est-elle troublée ?

TIMOPHANE.

Sa sombre austérité ne convient pas au tems où nous vivons....

TIMOLEON.

Il est vrai, ton ambition est digne de notre siècle ; mais elle est indigne de mon frère.

DEMARISTE.

Eh quoi ! Timoléon, la puissance qu'il n'a pas usurpée pourroit vous affliger ? Vous voudriez que celui qui a sauvé la patrie, vécût obscur, inconnu, et confondu avec la plus vile populace ?

TIMOLEON.

Qu'entends-je ? Funeste influence de la royauté ! avec quelle rapidité tu affoiblis ceux qui ne t'opposent pas de grands sentimens ! O combien l'amour du pouvoir absolu se glisse rapidement dans tous les cœurs ! — Et vous ouvrez votre cœur à cette ambition, ma mère ! Vous, citoyenne, qui avez donné le jour à des citoyens, regardiez-vous alors ce nom sacré avec dédain ? C'est ici que vous nous avez nourris, c'est ici que vous nous avez élevés dans l'amour de la patrie ; et dans ces mêmes lieux, je vous entends proférer des discours dignes au plus d'une reine d'Asie.

TIMOPHANE.

Vous le voyez, ma mère, il donne à tout une mauvaise interprétation ; son zèle imprudent le rend sourd au cri sacré de la nature.

DEMARISTE.

Combien de fois, Timoléon, ne vous ai-je pas entendu blâmer l'ancien gouvernement de Corinthe ? vous plaindre des mœurs corrompues, des magistrats achetés ?...

TIMOLEON.

Dites-moi, m'avez-vous jamais entendu préférer à des magistrats iniques, des soldats mercenaires et un maître absolu ? Pour mon honneur et pour le vôtre, je crois, ma mère, que vous n'avez pas de coupables intentions ; et toi, mon frère, je pense que tu es moins cruel qu'impétueux. Ne vois-tu pas où ta conduite peut t'entraîner ? Je suis ici comme un flambeau qui brille au milieu des ténèbres.

Il en est encore tems. Il te reste à faire une noble entreprise, une entreprise digne d'un citoyen et d'un héros.

TIMOPHANE.

Quelle est-elle ?

DEMARISTE.

Ce ne peut être qu'une noble entreprise, puisqu'elle a été conçue dans votre sein, Timoléon. Parlez.

TIMOLÉON.

Renonce à un pouvoir que tu as rendu coupable en en abusant.

TIMOPHANE.

J'y renoncerai si tu veux l'accepter.

TIMOLÉON.

A qui l'as-tu enlevé ? Parle. Est-ce à ton frère ou à tes concitoyens ? Rends à la patrie ce qui lui appartient, et ne me crois pas assez vil pour l'accepter. Si un autre que toi s'en étoit emparé, il en seroit privé depuis long-tems. Pense que jusqu'à présent je t'ai facilité les moyens....

TIMOPHANE.

Je pense que la majorité des citoyens peut

seule m'enlever une dignité qui m'a été donnée par elle. La loi m'a élevé, que la loi m'abaisse. J'y consens.

TIMOLEON.

Tu parles de lois dans un lieu où tu n'as d'autres droits que la force.

TIMOPHANE.

Tu veux donc que, sans armes, je m'expose à la colère aveugle, à la rage, à l'envie, à la vengeance d'Archidas, et de ceux qui lui ressemblent; la crainte seule peut les enchaîner.

TIMOLEON.

Défends-toi par ton innocence, et non par tes soldats : ne fais plus à ta crainte un rempart de la crainte d'autrui. Si tu n'es pas coupable, que crains-tu ? Si tu l'es, ne crains pas seulement la fureur d'Archidas, mais celle de tous les citoyens... et la mienne.

DEMARISTE.

Qu'entends-je ? hélas ! la discorde renaît entre vous, quand je veux vous décider à la paix. Malheureuse !

TIMOPHANE.

Je vous laisse avec lui, ma mère. Il est trop

irrité dans ce moment pour pousser plus loin cet entretien... Timoléon, que nos idées soient pareilles ou différentes, crois que je ne cesserai jamais d'être ton frère.

SCÈNE IV.

DÉMARISTE, TIMOLÉON.

TIMOLEON.

Quelle surprise nouvelle ! Timophane, que j'ai connu si impétueux, a enfin appris à feindre. Il est maître de sa rage, depuis qu'il a commencé à l'assouvir dans le sang.

DEMARISTE.

Vous vous abusez, mon fils : votre cœur est trop prévenu contre lui.

TIMOLEON.

Non, c'est vous qui êtes prévenue en sa faveur : vous ne voulez pas voir la chose la plus manifeste et la plus horrible. Ma mère, depuis long-tems je suis éloigné de vous ; il seroit nécessaire que je fusse toujours à vos côtés, pour détruire ces funestes impressions. Je vous fus cher....

DEMARISTE.

Croyez que vous l'êtes toujours.

TIMOLÉON.

Vous devez donc aimer comme moi la véritable gloire. Nous devons la recouvrer, et effacer la tache que mon frère a imprimée à notre sang. Je l'aime, oui, je l'aime plus que moi, et autant que vous. Vous pouvez sur lui beaucoup plus que moi : décidez-le d'abord au sublime effort...

DEMARISTE.

De rentrer dans un état obscur...

TIMOLÉON.

De redevenir homme et citoyen; de dissiper les haines qu'il a excitées; de rentrer dans le sentier des vertus; de me rendre un frère que je ne reconnois plus. Vous vous flattez en vain, ma mère : personne ici n'ose vous dire la vérité, si ce n'est moi. Vous vivez parmi de vils esclaves; vous respirez un autre air que celui de Corinthe; tout le monde applaudit ici à l'audace de Timophane; on appelle justice, les assassinats ; les plus affreux outrages, punition méritée; la tyrannie, soin paternel. Mais, sortez de ces murs, vous

entendrez les cris, les imprécations univer-
selles ; descendez dans les cœurs, vous y verrez
une haine implacable qui médite votre ruine,
votre infamie et votre mort. Plus la crainte
du peuple retarde sa vengeance, plus sera
terrible, entière et méritée celle qui est suspendue sur vos têtes, et qui vous écrasera...

DEMARISTE.

Ah! mon fils! vous me faites frémir...

TIMOLEON.

Je frémis pour tous deux. Ayez pitié de lui,
de vous et de moi. Tous vos malheurs sont
les miens ; mais ceux de la patrie ont encore
plus de droits sur mon cœur. Ce cœur est
déchiré par deux affections contraires. Je suis
fils, frère, citoyen... Noms augustes! personne plus que moi ne sait les apprécier ;
je desire en remplir tous les devoirs. Ah!
n'éprouvez pas quel est celui qui a le plus
de puissance sur mon cœur. Je naquis Grec ;
vous êtes Grecque..... vous m'entendez. Vous me voyez prêt d'être votre ennemi ;
faites que je ne sois que fils et frère.

DEMARISTE.

Quel dieu parle en vous !... Votre frère
m'entendra.

TIMOLEON.

Allez auprès de lui sans retard; persuadez-le. J'espère qu'il ne tirera plus le glaive sanglant des proscriptions.— Seule, vous pouvez aujourd'hui rendre la paix à vos fils, vivre avec eux à l'ombre de la félicité publique, ou les désunir et les perdre pour jamais.

FIN DU SECOND ACTE.

ACTE TROISIÈME.

SCÈNE Iʳᵉ.

ESCHILE, DÉMARISTE.

ESCHILE.

O mère de Timophane ! il est tems de vous plaindre d'avoir un tel fils. Il a levé le masque, et nous montre l'aspect odieux d'un tyran.

DEMARISTE.

Qu'est-il arrivé ? Où est Timophane ? Pourquoi ne puis-je le joindre ?

ESCHILE.

Et quoi ! ne savez-vous pas ?....

DEMARISTE.

Je ne sais rien : expliquez-vous.

ESCHILE.

Par les mains de ses infâmes satellites, il vient d'arracher la vie...

DEMARISTE.

A qui ?

ACTE III, SCÈNE I.

ESCHILE.

Archidas est baigné dans son sang, versé par ordre de votre fils. La vengeance est publique ; le malheureux expire au milieu de la place. Ses cruels assassins n'ont pas pris la fuite ; ils restent audacieusement autour d'Archidas mourant, et empêchent qu'on ne lui porte aucun secours. Tous ceux qui passent s'enfuient effrayés, et osent à peine pleurer en secret. Il meurt ce grand citoyen, le seul qui sut couvrir d'éclat la magistrature avilie. En lui, Timoléon se voit enlever son rival de vertu, son seul ami. ...

DEMARISTE.

Que me dites-vous ? O ciel ! plus que jamais, il sera difficile de rapprocher mes deux fils ; peut-être que leur inimitié sera éternelle. Malheureuse ! que dois-je faire ?

ESCHILE.

Tournez-vous du côté où est la justice, et faites valoir vos droits maternels. Je ne sais ce qui pourroit calmer la juste indignation de Timoléon et de Corinthe ; mais si Timophane cédoit, s'il se dépouilloit de la puissance suprême, il me resteroit encore un rayon d'espérance. Timoléon a pour lui les sentimens d'un frère, j'ai ceux d'un ami tendre, et d'un parent; on pourroit nous reprocher d'être injustes, mais nous ferions tous nos efforts pour le sauver. Si, endurci par l'habitude du pouvoir, il continue à exercer une tyrannie sanglante, malheureuse mère, tremblez pour lui !

DEMARISTE.

Qu'entends-je ?

ESCHILE.

Aveuglé jusqu'à présent, sur sa cruauté naissante, je me laissai tromper par ses coupables artifices; mais je m'apperçois, peut-être un peu tard, que le tems est venu où je dois changer avec lui de langage et de sentimens.

DÉMARISTE.

Ecoutez-le avant de rien entreprendre. Peut-être... Je ne blâme point votre courroux... je ne défends point cet horrible assassinat.... Mais il est possible que mon fils ait eu des raisons pour l'ordonner. Jusqu'à présent son glaive n'a frappé que des coupables; il s'est fait craindre, il est vrai, mais de ceux qui profitoient du silence des lois pour commettre impunément toutes sortes de crimes. Vous le savez, telle fut toujours sa conduite.

ESCHILE.

Si vous entendez Timophane, je crains que les raisons qu'il vous donnera ne soient encore plus affreuses que son crime.

DEMARISTE.

Le voici.

SCÈNE II.

TIMOPHANE, DÉMARISTE, ESCHILE.

DEMARISTE.

O mon fils! qu'avez-vous fait? Pouviez-vous commettre une action qui confirmât mieux l'opinion que l'on a de votre tyrannie? Tout le monde en frémit : vous vous êtes enlevé pour toujours l'amitié de votre frère. Qui peut savoir, hélas! quelles seront les suites de cet attentat? — Eschile, votre seul ami, en est indigné; votre mère en gémit. Il n'est donc que trop vrai, vous méditez des desseins funestes et coupables ; vous vous exposez à d'affreux dangers ; vous enlevez enfin le bandeau que vous aviez mis sur mes yeux.

TIMOPHANE.

D'où vient cette grande douleur ? Quel péril croyez-vous courir ? Archidas vous étoit-il uni par les liens du sang ou par ceux de l'amitié ? Je le vois bien, vous êtes l'organe d'un autre.

DEMARISTE.

Vous me demandez quel péril je crois courir, quand vous vous exposez vous-même....

ESCHILE.

Il s'expose au sort le plus affreux.

DEMARISTE.

Croyez-vous que l'indignation publique soit pour moi une légère peine, lorsque je la partage avec vous ? Trembler sans cesse pour vos jours, vous voir en horreur à votre frère, vous sentir entouré d'ennemis implacables, croyez-vous que ce ne soit pas là des tourmens cruels ?

TIMOPHANE.

Quoique vous ne soyiez pas du vulgaire, vous parlez comme lui. Je veux ramener Timoléon par des actions vigoureuses, ramenez-le par de tendres discours. Tant qu'Archidas auroit vécu, il auroit excité la haine de mon frère contre moi, et il auroit entretenu sa colère ; le perfide ne s'étoit-il pas emparé de toute l'amitié que Timoléon me doit ? Parmi tous ses crimes, c'est le plus grand à mes yeux, et c'est celui que j'ai puni.

ESCHILE.

Il étoit citoyen, il aimoit les lois, voilà ses crimes. — Mais penses-tu que Timoléon ne soit pas encore la ressource de la patrie, qui, malgré tes fureurs, n'est pas éteinte ? Insensé ! où cours-tu ? Je t'aimois, ingrat, tu le sais. Je suis vertueux, je te croyois tel ; et tu le fus autrefois. Tu fus mon ami, je fus le tien.... Maintenant nous ne sommes plus unis que par les liens du sang ; crains de les rompre. Je suis l'ennemi implacable de l'hypocrisie.

TIMOPHANE.

Je ne change pas aussi légèrement mon amitié en haine. Tu m'as été cher, et je t'aime encore, malgré tes injustes reproches. Je ne négligerai rien pour retrouver mon frère et mon ami. Ton langage sévère ne m'offense pas ; maintenant que le seul obstacle à notre réconciliation n'existe plus, j'espère recouvrer ton attachement. Quant à vous, ma mère, je vous ai déja convaincue plusieurs fois que Corinthe avoit besoin d'un nouveau frein, que je ne pouvois concilier en même-tems tous les intérêts....

DEMARISTE.

Je partage l'indignation de votre frère.

ESCHILE.

Qu'entends-je ? vous ne partagez pas celle de la patrie.

DEMARISTE.

Je suis mère...

ESCHILE.

De Timophane ou de Timoléon ?

DEMARISTE.

De tous deux.

ESCHILE.

Non, vous n'êtes pas mère de Timoléon.

DEMARISTE.

L'entendez-vous, Timophane ?

TIMOPHANE.

Avant de voir Timoléon, laissez-moi le

premier affronter son courroux. Ses reproches seroient trop cruels pour vous. Je vous promets, ma mère, de les ramener l'un et l'autre à mon opinion ; ils n'ont rien à craindre ; et je veux que, malgré lui, Timoléon partage ce pouvoir, qui, désormais, sera tranquille. Vous n'approuvez pas ses sentimens exagérés, un amour aveugle de la patrie ne vous enflamme pas ; vous aimez également vos deux fils. Je vais attendre mon frère, je n'aurai pas beaucoup de peine à le persuader ; vous partagerez ensuite notre bonheur.

ESCHILE.

Il ne se rendra pas plus que moi à tes vains raisonnemens. Mais, parle. — S'il rejette tes propositions, es-tu décidé à poursuivre ta folle entreprise ? Penses-y ; réponds-moi.

DEMARISTE.

Eschile, quel présage affreux me faites-vous entrevoir ? Ah ! mon fils, je vous en conjure, n'exécutez rien, sans que j'en sois avertie.

TIMOPHANE.

Je vous le promets, ma mère, je n'entreprendrai rien sans votre consentement. Soyez tranquille ; je vous annoncerai bientôt une paix intérieure, aussi parfaite que ma grandeur est éclatante au-dehors.

SCÈNE III.
TIMOPHANE, ESCHILE.

ESCHILE.

Timoléon a plus de fermeté que ta mère. Tu ne le persuaderas pas aussi facilement qu'une femme enivrée de l'orgueil naturel à son sexe.

TIMOPHANE.

Crois-moi, j'ai les moyens de vous vaincre tous.

ESCHILE.

Tu t'expliques enfin ; ce langage est conforme à ta conduite. Tu me parois moins coupable, depuis que tu parles sans détour, comme un tyran doit parler. Je vais te répondre en citoyen. Je suis venu pour rompre à jamais notre amitié. Je ne me plains pas d'avoir été trompé par toi ; si je t'avois trompé, ce seroit alors que je me plaindrois de moi-même.

TIMOPHANE.

Je ne brise point ainsi les nœuds sacrés d'une ancienne amitié.—Écoute-moi, Eschile.

ACTE III, SCÈNE III.

—Malgré toi, je peux te convaincre que je n'ai point affecté une fausse vertu, et qu'elle peut sans peine s'unir à la puissance suprême. Si je te cachai mon projet, de devenir le maître de Corinthe, si je m'en défendis, je devois alors m'en défendre; et toi, qui me connoissois, tu ne devois pas me croire. Ne devois-tu pas savoir que jamais un homme n'a laissé échapper l'occasion d'être roi ? Tu as peut-être eu tort de te déclarer mon ami, quand, d'un pas incertain, je marchois au trône; mais aujourd'hui que j'y suis parvenu, tu aurois un plus grand tort de te déclarer mon ennemi.

ESCHILE.

C'étoit donc par le meurtre d'Archidas que tu voulois me dévoiler ton affreux caractère, que jusqu'à présent je n'avois pas connu ! Est-il vrai que tu sois si coupable ? Mais si je cesse d'être ton ami, je suis toujours ton parent. — Ah ! Timophane, par ma sœur chérie à laquelle tu t'es uni par les nœuds de l'hymen ; par les tendres enfans dont elle t'a rendu père, je t'en conjure, prends pitié de ces objets si chers, puisque tu ne veux pas avoir pitié de toi-même. Corinthe n'est pas aussi dégénérée que tu le penses ; en te préparant une joie de peu de durée, tu nous prépares de longues douleurs. Regarde-moi, je pleure, et je pleure sur ton aveuglement. — Tu n'es pas assez coupable pour n'appercevoir aucun obstacle ; tu n'es pas assez innocent pour ne concevoir aucune crainte. Avant de régner, tu as encore des flots de sang à répandre ; et tu n'as peut-être pas le cœur assez féroce pour fonder ainsi la tyrannie. — Je crois parler à quelqu'un qui n'a pas abjuré tous les sentimens d'humanité. — En cessant de t'aimer, il me seroit pénible de t'abhorrer ; il m'en coûteroit beaucoup. Timophane, de grace ne m'y force pas.

TIMOPHANE.

Tu serois digne d'être mon ami, si tu n'étois pas abusé ; je ne t'en aime pas moins, Eschile. — Mais je vois Timoléon.

SCÈNE IV.

LES PRÉCÉDENS, TIMOLÉON.

TIMOPHANE.

Laisse-moi te parler le premier, Timoléon : tu pourras ensuite...

TIMOLEON.

Je ne te croyois pas lâche ; mais je vois que tu l'es comme les autres tyrans. Insensé que j'étois ! peut-il exister un tyran généreux ? — Au meurtrier d'un citoyen, je viens présenter un des hommes qui aime le plus sa patrie ; Archidas respire en moi ; tu as commis un crime inutile ; enflammé par la liberté, rempli d'indignation, je suis l'organe de Corinthe. Fais-moi périr, et ne me parle pas. Tous tes discours te seroient inutiles, ma mort peut te servir.

TIMOPHANE.

Connois les sentimens de celui que tu outrages. — Je te dois la vie ; tu me l'as sauvée, mon frère ; reprends-la. Je ne suis pas entouré de gardes ; voilà mon épée, tourne-la contre moi. Vois, mon sein est nu, je ne l'ai pas couvert d'une timide cuirasse. Je suis aussi tranquille que toi. Que tardes-tu ? frappe, assouvis dans mon sang la haine que tu as vouée à la tyrannie ; si tu me hais justement, je ne suis pas ton frère. — Aucun homme au monde ne pourroit m'enlever mon pouvoir ; tu peux m'ôter la vie impunément.

TIMOLEON.

Tu ne garderas pas ton exécrable puissance, si tu ne commences par m'arracher la vie. Tu as déjà versé le sang, pourquoi ne continuerois-tu pas à en répandre ? Poursuis, tu ne peux monter au trône de Corinthe, sans marcher sur mon corps mourant ; il n'y a pas d'autre route.

TIMOPHANE.

J'y suis, et tu vis encore. Je connois Corinthe et mes forces ; j'ai trop avancé pour reculer. Il n'y a que toi qui puisse m'être comparé. Ce seroit une honte à moi que de me soumettre à des hommes moins grands que moi ; mais je peux me soumettre à mon frère ; et si tu le veux, j'y consens. Crois-moi, jamais la liberté publique ne se rétablira dans Corinthe. Le gouvernement d'un roi te paroît criminel ; mais si ce roi étoit vertueux, son gouvernement ne le seroit-il pas ? Tu peux être ce roi ; jouis de mes travaux ; que Corinthe retrouve en toi ce que je lui ai enlevé ; je me glorifierai d'être le second après toi.

TIMOLEON.

Tes criminels discours blessent plus mon

cœur, que ne le feroit le poignard qui a rendu la liberté à Archidas. Frappe, mais ne parle ni de tyrannie, ni de servitude, à un homme que la Grèce a vu naître. Je sais que presque toutes les parties de cette terre consacrée à la liberté, ont été souillées par des tyrannies passagères ; mais ici toujours le sang des citoyens a été lavé par le sang des tyrans ; jamais la liberté n'a manqué de vengeurs.

TIMOPHANE.

Que le fer d'un traître parvienne jusqu'à moi, qu'il me perce le cœur, je ne le crains pas. Mais tant que je respirerai, la Grèce et Corinthe verront que la puissance d'un seul n'est pas toujours criminelle ; elles verront qu'un prince, parvenu au trône par des moyens sanglans, peut ensuite rendre le peuple heureux, et lui donner de sages lois ; elles verront l'état tranquille au-dehors et au-dedans, et malgré l'envie, je remplirai ma destinée.

TIMOLEON.

Que veux-tu m'enseigner ? Ne connois-je pas les crimes de la royauté ? L'Asie plongée dans l'avilissement, ne nous en montre-t-elle pas tous les jours les exécrables effets ? La tyrannie est née dans ces climats; là, l'homme a consenti à s'abaisser devant l'homme; mais ici la tyrannie a été détruite pour toujours; nous sommes le premier peuple de la terre. — Qu'espères-tu enfin, Timophane? Crois-tu ne pas ressembler à tous les autres rois? Déjà tu es l'ennemi déclaré de tout homme vertueux; tu méprises, tu hais le courage; flatté, craint, abhorré, odieux aux autres, insupportable à toi-même, avide de louanges achetées, mais convaincu au fond de ton cœur, que tu mérites l'indignation générale: n'est-ce pas là ton sort? Tu trembleras toujours, ton visage sera incertain, sans cesse en proie aux soupçons et à la terreur, tu seras dévoré de la soif de l'or et du sang, sans pouvoir jamais l'étancher; enlevant la paix à tout le monde, tu ne pourras pas en jouir; les liens du sang et de l'amitié seront brisés pour toi; esclave toi-même, tu commanderas à des esclaves; le premier de tes concitoyens, tu en seras le plus méprisable.... Tremble, tel sera ton destin, et tu en souffres peut-être dès-à-présent les tourmens anticipés.

ESCHILE.

Jamais la liberté ne s'est exprimée en accens plus mâles et plus éloquens, dans la bouche d'un mortel. Déjà mon cœur est embrâsé du feu qui consume Timoléon. Et toi, cruel! après le tableau terrible qu'il vient de te faire, persisteras-tu à être tyran ?

TIMOPHANE.

Peut-être dites-vous la vérité ? — Mais vos raisons, fussent-elles plus fortes, ne me feront jamais revenir sur mes desseins. Je ne peux plus être citoyen. — Je n'ai qu'une volonté ferme et immuable...c'est de régner. Mon frère, je te l'ai dit, tu ne peux la détruire qu'avec le fer ; en vain chercherois-tu d'autres moyens....

TIMOLEON.

Et moi, je te le dis encore ; tu ne posséderas point le trône si tu ne m'immoles.

ESCHILE.

Moi avec lui. A l'ardente amitié que j'avois pour toi, succède une haine implacable et terrible. Tu trouveras en moi un ennemi aussi acharné et aussi redoutable, que tu avois autrefois un ami sincère et brûlant. Penses-y bien ; je ne te suis pas uni par les mêmes liens que ton frère. — Je te jure ici,

Timoléon, en présence du tyran, une foi à toute épreuve ; je jure de partager tes efforts pour délivrer la patrie ; et s'ils sont vains, de ne pas survivre un moment à la liberté.

TIMOLEON.

Regarde, insensé. Si ton plus sincère ami, si celui qui t'est lié par les nœuds sacrés du sang, te parle ainsi, que dois-tu attendre de tous les citoyens que tu as outragés ?

TIMOPHANE.

Il suffit : je voulois vous avoir pour amis ; mais, ennemis, je ne vous crains pas. Généreux défenseurs de la patrie, faites donc tous vos efforts pour la soustraire à ma domination.

SCÈNE V.

TIMOLÉON, ESCHILE.

TIMOLÉON.

Frère imprudent et malheureux ! puissé-je être aussi sûr de te sauver que je le suis de sauver la patrie !

ESCHILE.

Il se fie à ses vils mercenaires ; il sait que Corinthe n'a point de soldats à lui opposer.

TIMOLEON.

Il est vrai qu'en faisant périr Achidas, il a répandu par-tout la terreur ; mais la haine qu'il inspire s'est accrue en même-tems ; le courage et la soif de se venger vivent encore dans presque tous les cœurs. Par un secret message, les citoyens de Corinthe ont demandé un prompt secours aux habitans de Mycène ; une partie des satellites de Timophane leur est vendue. Malheureux ! il va tomber dans ses propres pièges... Ah ! s'il étoit possible encore de le soustraire au danger ! — Mais il m'a enlevé mon ami, il est un tyran.... N'importe, il est mon frère, je n'ai pas étouffé toute pitié pour lui.... Si quelqu'un pouvoit lui persuader....

ESCHILE.

Si sa mère ne partageoit pas ses desseins, elle pourroit le ramener. Mais tu la connois.

TIMOLEON.

Elle va m'entendre aussi pour la dernière fois. Je vais d'abord supplier mes amis d'accorder encore à Timophane un jour pour se repentir ; je reviens à l'instant ; je ne néglige rien pour toucher mon frère, les prières, les larmes, les menaces, et l'autorité maternelle. — Viens, conduisons-nous de manière à ce que le fer soit encore suspendu sur la tête du tyran, et à ce que la patrie ne souffre point de ce retard. Rendons à Timophane les derniers devoirs d'amis et de parens; s'ils sont inutiles, nous sommes citoyens, et, en pleurant, nous seront forcés à le prouver.

FIN DU TROISIÈME ACTE.

ACTE QUATRIÈME.

SCÈNE Ire.

DÉMARISTE, TIMOLÉON.

TIMOLÉON.

Je viens, ma mère, pour obtenir le secours de votre prudence. Depuis que je ne vous ai vue, le seul Archidas a été victime de la tyrannie. Jusqu'à présent vos discours ont modéré l'orgueilleuse fureur de votre fils, et je crois même que vous avez adouci son naturel farouche. Ce que n'ont pu faire les vaines représentations d'un frère, le murmure universel, la désolation générale, les remontrances de l'amitié, la crainte et les remords, les vertueuses prières d'une mère éplorée viennent de l'exécuter.

DEMARISTE.

Vous savez avec quelle chaleur j'ai parlé à Timophane; mais son cœur est endurci. Il a essayé de l'empire; ni prières, ni larmes, ni raisons, ni force même ne pourroient le changer. Je m'entretenois encore avec vous, lorsqu'en venant de nous quitter, il a ordonné la mort d'Archidas. Après une telle action, mes discours auront-ils quelque empire sur lui ? J'ai parlé en vain ; il persiste dans ses résolutions. — Vous, mon fils, qui êtes plein de sagesse et de modération, cédez pour quelque tems....

TIMOLEON.

Est-ce à moi que vous parlez, ma mère ?

DEMARISTE.

Mon fils, si vous ne cédez pas, quel affreux malheur nous menace ? — Ecoutez-moi. Voulez-vous voir mourir votre frère ? ou voulez-vous que son ambition insatiable l'entraîne à des crimes plus affreux ? Votre situation, dans ce moment, est bien différente de la sienne ; il a versé trop de sang pour pouvoir espérer d'être tranquille, s'il abdique sa puissance. Il lui est nécessaire de couvrir par son pouvoir les fautes qu'il a commises. Mais vous qui avez pour appui les plus sublimes vertus, vous ne risquez rien en écoutant mes prières, et elles doivent parvenir plus facilement à vos oreilles qu'aux siennes. S'il ne s'y rend pas, il peut perdre sa puissance, son honneur et peut-être la vie; si vous vous y rendez, vous ne perdrez rien...

TIMOLEON.

Qu'osez-vous me dire ? Et vous comptez la patrie pour rien ? et vous comptez pour rien mon honneur ? — Êtes-vous ma mère ? — Craignez-vous pour les jours de Timophane, s'il cesse d'être tyran ? — Dites-moi, croyez-vous qu'il puisse les conserver, s'il continue à exercer la tyrannie ?

DÉMARISTE.

O ciel !... tous vos discours respirent la vengeance. Vous détestez un frère qui a pour vous la plus tendre amitié; qui veut employer, au service de la patrie, votre prudence et votre modération; qui veut que vous souteniez, pendant la paix, l'éclat dont il a su la couvrir pendant la guerre. C'étoit ce qu'il me juroit...

TIMOLEON.

Et vous vous laissez séduire par des discours qui, vrais ou faux, sont coupables ? Il me semble que vous devriez savoir que je ne suis qu'un membre de la cité. La patrie existe dans les lois saintes, dans les magistrats intègres qui leur sont soumis; dans le peuple, dans les patriciens, dans l'union des suffrages libres, dans la liberté universelle qui rend égaux tous les hommes vertueux, et sur-tout dans la haine implacable pour le gouvernement d'un seul. Ne savez-vous pas tout cela? — Il vous restoit encore un outrage à me faire; c'étoit de me croire, ou de feindre de me croire capable d'être le soutien de votre tyrannie. — Ma mère, par tout ce que vous me dites, je vois que vous partagez les projets ambitieux de mon frère : il est clair que vous aimez mieux être la mère d'un tyran que celle d'un citoyen.

DEMARISTE.

Tout le monde sait que je ne puis pas, ainsi que vous, étouffer l'amour que je dois à mon sang.—Je suis mère, Timoléon. Êtes-vous frère ?

TIMOLEON.

Quelle mère êtes-vous ? Les femmes de Sparte, citoyennes d'une ville libre, vous enseignent quels sont les devoirs des mères. Ce que vous appelez amour maternel, n'est qu'un sentiment efféminé et aveugle, qui vous fait préférer à l'honneur l'ambition de votre fils. A Sparte, voyez les mères se réjouir, en regardant leurs fils morts pour la patrie; voyez-les compter leurs plaies, les baigner de larmes de joie, et s'enorgueillir de leurs sacrifices! Ces femmes sont citoyennes et mères. Mais vous, vous cédez, sans résistance, aux volontés de votre fils, que vous savez être coupable; vous osez me proposer d'y céder, et vous l'espérez? Pourquoi ne vous rendez-vous pas plutôt à mes volontés, que vous savez inspirées par la vertu? Pourquoi ne vous y rendez-vous pas? Vous avez pour lui seul les sentimens d'une mère; pourquoi ne les avez-vous pas pour moi?

DEMARISTE.

Calmez-vous, écoutez-moi... Que n'ai-je point fait? que n'ai-je point dit?... Je sens que la raison parle pour vous; mais vous savez que la force combat pour lui...

TIMOLEON.

Non, ma mère, vous n'avez presque rien dit, et vous avez encore moins fait. Votre cœur n'est pas embrâsé de ce noble feu, de cet amour brûlant pour la patrie, qui donne de la hardiesse aux plus foibles, et qui vous auroit inspiré une éloquence mâle et entraînante. L'adroit Timophane se repose sur votre incertitude ; il voit combien le desir de régner peut avoir d'empire sur une femme. Vous a-t-il entendue lui parler d'un ton de colère et avec menace ? Vous a-t-il entendue ?..

DEMARISTE.

J'ai fait tout ce que peut faire une foible mère. Mais...

TIMOLEON.

Une mère grecque fut-elle jamais foible et sans armes ? Vous avez de puissantes armes ; si vous ne les employez pas, la faute en est à vous. Quand il a résisté à vos prières, à vos pleurs et à vos raisons, ne deviez-vous pas vous-même le bannir de cette maison qui vous appartient ? Ne deviez-vous pas en chasser le cortège de la tyrannie ? Ne deviez-vous pas enlever à votre fils tous les moyens de corruption ? lui enlever sur-tout les trésors, qui sont ses armes les plus dangereuses, et qui ont fait réussir tous ses crimes. Les dernières volontés de votre époux, les lois de Corinthe, ne vous rendent-elles pas l'arbitre de tout ce que nous possédons ?

DEMARISTE.

Il est vrai que je pouvois lui dire...

TIMOLEON.

Il falloit le faire, non le dire; et s'il avoit été assez coupable pour se révolter contre vous, il falloit sortir de cette maison déshonorée, couverte d'habits de deuil, vous arrachant les cheveux, et vous frappant le sein; dans votre douleur, il falloit emmener avec vous vos petits-fils, innocens du crime de leur père; il falloit vous faire accompagner de leur mère éplorée : ce spectacle touchant des vertus antiques auroit encouragé les bons citoyens. Vous vous seriez retiré près de votre autre fils ; vous auriez abandonné le tyran à lui-même et à ses vils satellites; vous auriez élevé votre voix contre un crime dont vous n'auriez pas été complice; vous vous seriez dérobée à la honte de l'avoir partagé.—Avez-vous tenu cette conduite ? Mon frère se seroit-il livré à tant d'excès ? — Il méprisa, et il devoit mépriser les foibles lamentations d'une femme.

DEMARISTE.

Mon fils... j'ai craint.... Écoutez-moi.

TIMOLEON.

C'est de lui que vous deviez vous faire entendre.

DEMARISTE.

J'ai craint de le rendre plus cruel, en excitant sa colère ; je me suis adressée à vous, et je m'y adresse encore.... Vous courez un grand danger.

TIMOLEON.

Craignez-vous ? Si la crainte vous guide, si elle remplace dans votre cœur, l'amour de la patrie, sachez que c'est lui qui court un grand danger, et non pas moi ; que si vous voulez le sauver, il ne vous reste plus que ce jour.

DESMARITE.

Qu'entends-je ? O ciel !

TIMOLEON.

Oui, que ce jour qui est presque fini..... J'aime mon frère, mais je l'aime d'un amour différent du vôtre ; mon cœur est déchiré, quoique je ne pleure pas avec vous. Si je vous parle avec force, c'est que je vous aime.... Je ne crains plus pour Corinthe, je ne crains que pour vous. L'imprudent Timophane a tort de se fier à ses soldats..... Ah ! ma mère, je vous adresse mes dernières prières. Si sa vie vous est chère, hâtez-vous de la sauver. Moi seul je tiens encore suspendu sur sa tête, le glaive vengeur de la liberté ; moi seul j'ajoute encore un jour aux jours proscrits du tyran ; moi, qui le premier devrois baigner mes mains dans son sang, je veille sur lui. Réfléchissez à ce que je viens de vous dire. Croyez que les dieux de Corinthe ne sont pas encore assez irrités contre elle, pour l'abaisser devant un seul homme. Voilà le tyran. Je ne lui parle plus ; je lui ai tout dit.— S'il arrive un malheur, ne vous en plaignez qu'à vous.

SCÈNE II.

DÉMARISTE, TIMOPHANE.

TIMOPHANE.

Timoléon me fuit.

DEMARISTE.

Ah ! mon fils.

TIMOPHANE.

Pourquoi êtes-vous si troublée ? N'avez-vous pu parvenir à le changer ?

DEMARISTE.

Ses discours ont porté la mort dans mon

sein... Tremblez, il ne vous reste plus qu'un jour....

TIMOPHANE.

Que je tremble! Il est trop tard quand mon entreprise est terminée.

DEMARISTE.

Combien vous vous trompez!... Peut-être, sans le secours de votre frère, ne seriez-vous plus ?

TIMOPHANE.

Me croyez-vous assez lâche pour accorder à la crainte ce que j'ai refusé à vos prières ? Je vais vous parler plus ouvertement, et vous verrez que je n'ai rien à craindre.—Je connois toutes leurs trames, je sais que mes foibles ennemis emploient les plus lâches artifices. Il existe aussi des traîtres parmi eux ; ils attendent en vain des secours de Mycène ; ils ont en vain corrompu quelques-uns de mes soldats; tout m'est connu. Je suis instruit de leurs démarches, de leurs actions, et même de leurs pensées. Je ne crois pas succomber sous leurs coups; mais quand j'aurois lieu de le craindre, je ne reculerai jamais. Ils auroient mieux fait de se déclarer ouvertement contre moi ; ils ont mieux aimé employer la ruse : eh bien! ils seront les victimes de leur artifice.

ACTE IV, SCÈNE II.

DEMARISTE.

Etes-vous aussi dénaturé que votre frère ? Cruel !

TIMOPHANE.

Il me reproche d'être un tyran ; mais j'ai plus que lui les sentimens de fils et de frère. Ma mère, je donnerois ma vie pour sauver la sienne : vous devez penser que je le distinguerai de mes autres ennemis. Lui seul et Eschile seront exceptés de la proscription qui se prépare....

DEMARISTE.

O ciel ! vous parlez encore de nouvelles proscriptions. Que faites-vous ? Arrêtez : je vous l'ordonne. Pour votre malheur, j'ai trop long-tems gardé le silence, ma condescendance m'a rendu coupable ; Timoléon est enflammé contre moi d'une juste colère...

TIMOPHANE.

Mon destin est fixé irrévocablement : ou régner, ou mourir. Votre colère, vos prières, vos larmes, vos menaces sont vaines désormais. L'arrêt de proscription est déjà rendu ; je ne tremble que pour mon frère ; la fureur des soldats ne se contient qu'avec peine. Il vous appartient, à vous qui êtes notre mère, d'empêcher que Timoléon ne prenne part au tumulte; mettez tout en usage pour qu'il vienne se réfugier parmi nous. Il ne m'a point instruit de ses desseins; apprenez-lui des miens tout ce qui pourra servir à le sauver. Je tremble qu'il ne veuille aller avec Eschile au lieu où s'assemblent les conjurés; il ne peut être en sûreté qu'ici....

DEMARISTE.

Et si je réussis à le faire venir dans ces lieux.... Quand il entendra le carnage... peut-être? Jour affreux!.. Sa vengeance...

TIMOPHANE.

Il pourra changer, quand il verra que j'ai voulu l'épargner. Il peut me faire mourir; qu'il le fasse; lui seul le peut; qu'il m'arrache la vie, puisqu'il me l'a sauvée. — Mais m'enlever la puissance que j'ai acquise!.. Le ciel ne le pourroit qu'après m'avoir réduit en cendre.

SCÈNE III.
LES PRÉCÉDENS, ESCHILE.

ESCHILE.

Ne t'étonne pas de me voir encore. Tu as

devant toi un ennemi généreux : ma première action est de te dire librement qu'un coup affreux te menace, et que la mort plane sur ta tête.

DÉMARISTE.

Ah! mon fils, je ne vous quitte plus.... Toujours à vos côtés.... Croyez-en cet homme vertueux. O ciel! que faites-vous?

TIMOPHANE.

Mon sein est affermi contre tous les coups que vous voudriez lui porter. Je vous attends sans crainte.

ESCHILE.

Ecoute-moi ; jamais je ne t'ai rendu un si grand service; quoique je sois d'un parti contraire, mon cœur n'est pas changé pour toi. — Quelle que soit ta valeur, tu n'es qu'un seul contre tous. Tu te perds si tu te fies à tes soldats ; la mort, sous mille formes différentes, t'entoure et te presse ; de tous ces glaives que tu vois tirés pour ta défense, pense que chacun d'eux peut être tourné contre ton sein. Ah! crois-moi, ne crois que moi seul. Ou change, ou ordonne le carnage, ou tremble.

TIMOPHANE.

Laissez-moi m'abandonner à mon destin. Le jour ne finira pas sans que vous soyiez convaincus que je ne crains rien, et que je suis redoutable à mes ennemis. Cette pitié dont vous êtes si prodigues avec moi, vous serez peut-être trop heureux de la trouver dans d'autres.

SCÈNE IV.

ESCHILE, DÉMARISTE.

ESCHILE.

Tu le veux. J'ai manqué à ce que je devois à la patrie, pour m'acquitter envers toi d'un dernier devoir.

DEMARISTE.

Ah! courez, volez, amenez ici Timoléon; je lui dois confier de grands secrets. Faites, je vous en conjure, qu'il évite tous les rassemblemens; il y seroit en danger... Veillez sur lui... Je tremble... Amenez ici mon fils à quelque prix que ce soit, avant la fin du jour; il ne sera en sûreté que dans ces lieux. Allez, ayez pitié d'une mère; sauvez l'un de mes fils, je vais chercher à calmer l'autre.

SCÈNE V.

ESCHILE (seul.)

Quel trouble l'agite ! Quel horrible secret est caché dans ses discours ! O ciel ! pourquoi le tyran est-il si tranquille ? Peut-être sait-il nos desseins ? Serions-nous trahis par ceux qui ont feint de le trahir ? Demariste sait toutes les trames de Timophane, et elle craint pour son autre fils. Le tyran a donc résolu de nous envelopper dans un affreux carnage. — Si cela étoit ! Courrons sauver celui qui doit sauver la patrie. S'il succombe, périssons tous avec lui.

FIN DU QUATRIEME ACTE.

ACTE CINQUIÈME.

SCÈNE Iʳᵉ.

TIMOLÉON, ESCHILE.

TIMOLEON.

Pourquoi me conduire dans ces lieux, au milieu de la nuit ?

ESCHILE.

Viens, tu entendras ta mère.

TIMOLEON.

Que puis-je entendre que je ne sache déjà ?

ESCHILE.

Elle veut te voir pour de grands projets...

TIMOLEON.

Oserois-tu te réunir à elle pour me tromper ?

ESCHILE.

Moi. — Je n'ai fait de vœux que pour te sauver ; et à présent, tu es en sûreté.

TIMOLÉON.

Que dis-tu ? De quel péril m'as-tu sauvé ? Explique-toi.

ACTE V, SCÈNE I.

ESCHILE.

Pardonne-moi, si je t'ai caché une chose...

TIMOLEON.

Tu as peut-être osé...

ESCHILE.

Ne t'irrite point. J'ai entendu ta mère parler d'une manière si incertaine, j'ai lu dans son cœur une si grande inquiétude pour toi, qu'à tout prix j'ai voulu te conduire dans ces lieux. J'ai bien pensé que tes fidèles compagnons couroient un très-grand danger; mais je me suis gardé de te le dire; j'étois trop certain que je ne pourrois jamais te séparer d'eux, si tu en étois instruit.

TIMOLEON.

Qu'entends-je? Tu oses me donner cette maison pour asile contre un grand danger que je devrois partager avec tous mes compagnons. Quel commencement d'une si noble entreprise !

ESCHILE.

Elle finira d'une manière digne de toi, je te le jure; mais j'ai voulu te sauver.

TIMOLEON.

Qu'as-tu donc appris? Quel est ce danger?

ESCHILE.

Je ne sais presque rien de certain ; mais je crains tout. Le visage audacieux du tranquille Timophane, la terreur de ta mère irrésolue, tout m'inspire les plus affreux soupçons. Les satellites de Timophane, achetés par votre or, qui devoient épier toutes ses démarches, et nous en instruire, viennent d'être découverts et livrés aux bourreaux. A qui pouvons-nous donner notre confiance ? Timophane est instruit du lieu où nous devons nous rassembler.

TIMOLEON.

Jour fatal !... jour redouté ! es-tu enfin venu ? — Il n'y a plus de doute, nous sommes trahis... Il faut aujourd'hui que le plus grand courage s'unisse à l'amour de la patrie ; jamais il ne fut plus nécessaire d'être fermes et invariables dans nos résolutions, et jamais non plus il ne fut plus important de cacher nos desseins.

ESCHILE.

J'ai sur-le-champ fait avertir les conjurés qu'il étoit dangereux de se rassembler. Je crains, ô ciel ! de n'avoir pas confié cet avis à un messager bien sûr. Le peu de tems qui me restoit, la crainte de ne pas te sauver, m'ont peut-être rendu imprudent.

TIMOLEON.

Tu devois sauver avant moi tous nos compagnons. Quel bonheur plus grand pouvoit m'arriver que de tomber avec ma patrie ? Ai-je à présent d'autre desir que celui de mourir ? — Malheureux que je suis ! Pourquoi me sauver ? Ne suis-je pas destiné aux plus affreux malheurs ?

ESCHILE.

A présent que tu es sauvé, nous devons sauver la patrie. Ecoutons cependant Démariste.

TIMOLEON.

Timophane est déjà un tyran consommé; il sait priver ses ennemis de tous leurs moyens, se rendre maître de toutes les ames, épier tous les sentimens, et effrayer les autres, comme il est effrayé lui-même.

ESCHILE.

Mais il ne sait pas encore tout prévoir.

TIMOLEON.

Le malheureux !

ESCHILE.

Il a résisté à toutes nos prières. — Je n'ai plus de pitié pour lui. O ciel! qui sait ? — Peut-être nos amis...

TIMOLEON.

J'ai vu deux des plus braves, Ortagoras et Timée, s'approcher de ces lieux; je leur ai fait signe de se retirer.

ESCHILE.

Tu as eu tort. Que ne les ai-je vus?

TIMOLEON.

S'il faut frapper, il suffit de nous deux.

ESCHILE.

Nous sommes encore trop de deux, si on nous force à la vengeance. Mais ces deux conjurés auroient pu prévenir les autres.

TIMOLEON.

Sortons, ami.

ESCHILE.

Je crois entendre quelqu'un.

TIMOLEON.

Il est vrai. Ce sont les pas d'une femme. C'est peut-être ma mère.

ESCHILE.

C'est elle-même.

SCÈNE II.

LES PRÉCÉDENS, DÉMARISTE.

DEMARISTE.

O bonheur ! mon fils, je vous revois. Eschile, quel service important vous m'avez rendu ! Je revois mon fils... et c'est à vous que je le dois.

TIMOLEON.

D'où vous vient une si grande joie ? Avez-vous changé le cœur du tyran ? Devez-vous nous apprendre que l'ancienne liberté nous est rendue ? — Mais non, l'orgueil royal est encore imprimé sur votre front. Insensée ! de quelle joie vous enivrez-vous ?

DEMARISTE.

Je suis heureuse de vous revoir, de vous embrasser. Je n'espérois plus que jamais vous revinssiez dans ma maison...

TIMOLEON.

Cette maison est une maison de douleur et de crime ; elle n'est pas la vôtre ; elle ne l'est pas de celle qui est ma mère. M'avez-vous appelé pour que je vous en fisse sortir? Venez; c'est déjà une grande gloire pour moi d'avoir délivré ma mère; j'en conçois le présage certain de délivrer ma patrie.

DEMARISTE.

O mon fils! vous persistez donc dans vos projets?

TIMOLEON.

Madame, persistez-vous encore dans les vôtres? N'avez-vous rien autre chose à me dire?

DEMARISTE.

Je voudrois vous dire... mais...

TIMOLEON.

Vous ne l'osez pas, je le vois; mais votre silence m'en a dit beaucoup plus que je n'en voulois entendre. — Avez-vous des craintes? J'entends. Vous êtes reine, vous êtes mère du tyran; il ne me reste rien à vous répondre. Vous êtes digne d'habiter dans cette maison et d'y mourir. Il n'étoit pas nécessaire de m'appeler; vous savez que je ne suis plus votre fils. — Viens, Eschile, sortons de ce lieu coupable.

DEMARISTE.

Arrêtez. N'en sortez point.

TIMOLEON.

Laissez-moi ; j'en veux sortir pour n'y rentrer jamais. Je veux souffrir l'exil, la mort, la honte, et les plus affreux supplices, avant de voir Corinthe esclave. — Allons, Eschile.

ESCHILE.

Corinthe veut que tu restes ici ; tu n'en dois point sortir...

DEMARISTE.

Vous ne le pourriez.

TIMOLEON.

Qui m'en empêcheroit ?

SCÈNE III.

LES PRÉCÉDENS, TIMOPHANE.

TIMOPHANE.

Moi, peut-être. — J'exerce sur vous la violence qu'un frère doit exercer sur un frère. Laissez-moi vous presser contre mon sein. Combien j'ai de graces à rendre aux dieux, à ma mère et à Eschile de vous avoir sauvé ?

TIMOLEON.

Vous avez donc ordonné un nouveau carnage! Ah! oui, je lis votre crime dans vos yeux. Cruel! vous avez eu tort de me sauver.

TIMOPHANE.

Nous sommes ici dans un lieu de sûreté; personne ne peut vous nuire, et vous ne pouvez rien entreprendre contre moi.

TIMOLEON.

Voudriez-vous nous engager à vous servir?

TIMOPHANE.

Oui. En vous soumettant à mon pouvoir sans murmure et sans retard; en donnant les premiers l'exemple d'obéir.

ESCHILE.

D'obéir?

TIMOLEON.

Nous les premiers!

TIMOPHANE.

Oui, puisque vous n'avez pas voulu partager la puissance avec moi. Je vous aurois peut-être cédé si vous vous étiez déclarés ouvertement contre moi. J'ai agi franchement avec vous; ma franchise auroit dû faire naître la vôtre....

TIMOLEON.

Vous avez d'abord employé l'artifice pour

acquérir la force ; ensuite il vous a été facile
de nous outrager ouvertement. J'aurois dû,
dès le commencement, employer la force,
pour vous forcer à redevenir citoyen.

ESCHILE.

Et moi, ne vous ai-je pas déclaré hautement que j'étois devenu votre ennemi ? Ne
vous ai-je pas dit, que, sans être entouré de
satellites, sans avoir aucune puissance, nous
seuls, nous pouvions vous faire trembler ;
que vous deviez vous mettre en garde contre
nos entreprises ? — Parlez, avons - nous été
moins généreux que vous ?

TIMOPHANE.

Si ce que vous dites est vrai, n'avez-vous
pas déjà reçu le prix de votre générosité ?
J'ai desiré vous sauver de la dernière proscription, et vous l'avez été. C'est ainsi que
j'ai voulu confondre votre ingratitude, et ne
pas troubler le bonheur de mon nouveau
règne. — Ne vous flattez plus d'aucune espérance. Cette nuit, qui avoit coutume de prêter
ses voiles à vos réunions coupables, est devenue, pour vos perfides amis, une nuit éternelle. L'avis secret que vous aviez voulu leur
donner n'est point parvenu jusqu'à eux. Ils

sont morts dans ce lieu même où ils devoient venir en secret pour me trahir.

TIMOLEON.

Qu'entends-je ?

ESCHILE.

O ciel !

TIMOPHANE.

Voyez les lettres que vous envoyiez à Mycène ; elles sont tombées entre mes mains. Celui qui les portoit n'existe plus. Voulez-vous en savoir davantage ? Timée et Ortagoras, ces deux traîtres qui erroient en armes autour de ce palais, ont trouvé la mort qu'ils méritoient. — Si cela ne vous suffit pas, regardez autour de vous, voyez-y l'obéissance, le carnage et la terreur. Pourquoi tarder à vous rendre à moi ? Que pouvez-vous encore entreprendre ? Je vous ai prouvé que de tous mes ennemis, il ne me restoit plus que vous deux.

TIMOLEON.

Vous ne deviez pas nous laisser vivre. Je vous le répète ; vous n'aurez rien fait tant que nous existerons.

ESCHILE.

N'espérez jamais nous avoir pour amis ; ni l'artifice, ni le tems, ni la force...

ACTE V, SCÈNE III.

TIMOLEON.

Notre mère elle-même que je vois silencieuse, et pleine de honte et d'orgueil, ne pourra jamais diminuer mon horreur pour vous.

ESCHILE.

Ne me traitez pas comme un lâche; livrez-moi le premier à vos bourreaux. Vous ne vous êtes pas encore abreuvé du sang de vos parens; essayez cette nouvelle jouissance.— Il ne vous reste plus de sang qui vous soit plus nécessaire de répandre, que le mien.

TIMOLEON.

Immolez-moi le premier. Vous me faites un nouvel outrage en m'épargnant. Vous m'avez enlevé tout ce que j'avois de plus cher; vous m'avez couvert d'une éternelle infamie; que tardez-vous? faites-moi périr.

TIMOPHANE.

Je réserve une punition plus grande à vos cœurs obstinés; vous me verrez sur le trône, et vous m'obéirez.

TIMOLEON (en fureur.)

Tu as donc résolu de nous refuser la mort?

TIMOPHANE.

J'ai résolu de mépriser vos clameurs.

TIMOLEON.

Et tu régneras ?

TIMOPHANE.

Je règne.

TIMOLÉON.

Malheureux !... tu le veux donc. — Du moins que je ne le voie pas. (Il se couvre le visage avec son manteau.)

ESCHILE (tirant un poignard.)

Meurs, tyran.

DEMARISTE.

O ciel ! mon fils !

TIMOPHANE.

Ah ! traître ! je meurs.

TIMOLÉON.

Donne-moi ce fer. Je veux mourir. La patrie est sauvée.

ESCHILE.

Vis pour la patrie.

ACTE V, SCÈNE III.

DEMARISTE.

Accourez, gardes.—Voilà le traître.

TIMOPHANE.

Non, ma mère...

TIMOLEON.

Donne-moi ce fer... Je veux...

ESCHILE.

Non, jamais.

TIMOPHANE.

Éloignez-vous, soldats. Je vous l'ordonne...
Désormais on ne doit plus verser de sang.

DEMARISTE.

Qu'Eschile périsse.

TIMOPHANE.

Soldats, ne tournez vos armes contre personne... Je vous le défends expressément...
Sortez, je le veux.

DEMARISTE.

Et toi, frère cruel..... Mais quoi ! tu pleures....

TIMOPHANE.

J'ai voulu le sceptre ou la mort; mais, en

même-tems, j'ai voulu te sauver, mon frère...
Ta main, qui m'avoit déjà sauvé, devoit me
dérober aux coups de ce traître.... Il m'eût
été moins cruel de mourir de ta main...

ESCHILE.

Il naquit ton frère, moi je ne le suis pas. Il
devoit se borner à me donner le signal ; moi,
je devois frapper.

DEMARISTE.

Barbares!....vous, qu'il ne voulut pas faire
périr...

TIMOPHANE.

Ne faites, ma mère, aucuns reproches à
Timoléon. Sa douleur est assez grande. Voyez
ses yeux inondés de larmes.—Je te pardonne,
mon frère...Je meurs, en admirant ta vertu.
Si je n'avois pas entrepris d'asservir ma patrie,
j'aurois entrepris de la délivrer.—C'est la
plus belle gloire qu'un héros puisse acquérir.
—Je vois bien que tu n'as pas été entraîné par
un vain desir de gloire ; la noble indignation
d'un citoyen a pu seule te porter à m'immoler.... Je te recommande ma mère.... Ma
mère, voyez en lui un fils, et un mortel dont
a vertu est plus qu'humaine.

TIMOLEON.

Il meurt.—Malheureux que je suis! Ma mère, c'est là que vous m'avez conduit.... O mon frère! je te suivrai bientôt.

ESCHILE.

Ciel!

DEMARISTE.

Mon fils!

TIMOLEON.

Pourquoi vivrois-je? Pour être dévoré de remords, pour traîner dans les larmes ma fatale existence... Déjà, dans mon sein, je sens les furies vengeresses... Il n'y a plus de repos pour moi.

ESCHILE.

Écoute-moi. Tu ne dois pas refuser tes secours à la patrie qui est encore en danger.

TIMOLEON.

Je dois me soustraire aux regards de tous les hommes, fuir à jamais la lumière du soleil, et mourir de douleur, si je n'abrège mes jours avec ce fer.

DEMARISTE.

Malheureuse! que vais-je devenir? J'ai perdu l'un de mes fils, et l'autre veut mourir.

TIMOLEON.

Ma mère...

ESCHILE.

Viens. Dérobe-toi à cet horrible spectacle. Timoléon, tu dois apprendre au monde que ce n'est pas un frère que tu as immolé, mais un tyran.

FIN DU CINQUIÈME ET DERNIER ACTE.

EXAMEN DE TIMOLÉON.

En éloignant toute discussion politique sur un trait que la postérité a jugé depuis long-tems, et qui n'a pu paroître héroïque qu'à une époque où toutes les idées de morale furent oubliées, je dois chercher dans un examen purement littéraire quels étoient les moyens de faire réussir ce sujet sur le théâtre.

Il me sembloit qu'il falloit en écarter toute intrigue d'amour; qu'il étoit nécessaire de donner à Timophane un caractère d'audace et de témérité, et à Timoléon un caractère de modération et de patriotisme. L'usurpateur devoit outrager son frère, appesantir sa tyrannie sur les plus vertueux citoyens, et fatiguer enfin la patience de Timoléon par des attentats réitérés. La mère des deux frères, loin d'être une enthousiaste de liberté, devoit avoir pour ses fils les mêmes sentimens de tendresse, pencher alternativement pour les opinions de l'un et de l'autre, et, comme femme, être éblouie quelquefois par la puissance royale qu'exerce Timophane. En suivant ces idées, je pense que l'action devient dramatique; que les personnages sont placés comme ils doivent l'être, et que Timoléon, dont le caractère est l'écueil du sujet, inspire moins d'horreur, lorsqu'il fait périr son frère.

Tel est le plan qu'Alfieri a conçu. On voit qu'il a donné à ce sujet tout l'effet dont il étoit susceptible. Pendant la révolution, le citoyen Chénier a fait représenter une tragédie de Timoléon, où il s'est éloigné des combinaisons d'Alfieri, en ce qu'il a offert Timophane comme un tyran foible et timide, Timoléon comme un citoyen prêt à tout sacrifier à la liberté, et Démariste, comme une Spartiate qui partage les sentimens de Timoléon.

AGIS,

TRAGÉDIE EN CINQ ACTES.

PERSONNAGES.

LÉONIDAS, } rois de Sparte.
AGIS,

AGÉSISTRATE, mère d'AGIS.

AGIZIADE, fille de LÉONIDAS et femme d'AGIS.

ANFARE, éphore.

GARDES.

PEUPLE.

(La scène est à Sparte.)

AGIS,
TRAGÉDIE EN CINQ ACTES.

ACTE PREMIER.
SCÈNE Ire.
LÉONIDAS, ANFARE.

ANFARE.

Léonidas, vous voilà de nouveau assis sur le trône. La république entière, ou du moins la meilleure partie des citoyens les plus sages, les partisans sincères du bonheur public, ont tourné leurs regards vers vous, pour obtenir la paix après tant de désastres.

LEONIDAS.

Je ne me croirai jamais roi de Sparte, tant qu'Agis existera. Non seulement il vit, mais il règne dans les cœurs du plus grand nombre. Ce temple est son asile ; il est voisin de la place publique, remplie tous les jours d'une populace séditieuse qui voudroit que mon rival fût roi, et qu'il partageât mon trône encore une fois.

ANFARE.

Et craignez-vous d'être vaincu ? Je le jure, et tous les éphores sont prêts à le jurer avec moi, jamais Agis ne régnera sur nous. Mais il faut employer contre lui plutôt l'adresse que la force ouverte....

LÉONIDAS.

Par ses pratiques coupables, par ses lois ridicules, il a mis le désordre dans Sparte ; en employant la force ouverte, il m'a chassé du trône ; et moi, rappelé au trône par mes fidèles Spartiates, dois-je, par de lâches détours, chercher à tirer vengeance de mon ennemi ?

ANFARE.

Il faut cacher les moyens que vous emploierez ; il est votre gendre. Le jour fatal où, privé du sceptre, abandonné de tout le monde, vous partîtes pour l'exil, il vous témoigna de l'humanité. Il arrêta les assassins que le cruel Agésilas envoyoit sur vos traces pour vous immoler, et vous devez vous souvenir qu'il vous conduisit lui-même jusqu'aux frontières de Tégée ; en cela seul, il ne se montra pas le fils d'Agésistrate, et il s'opposa à son coupable frère. Il faut donc qu'aujourd'hui le prétexte du salut public couvre votre vengeance.

LEONIDAS.

Le jour où il me chassa du trône, la vie qu'il m'accorda me parut un don infâme, et je l'ai toujours regardé comme un des plus grands outrages qu'il m'ait faits. Il me regardoit comme un ennemi qui n'est plus à craindre. Aujourd'hui je veux le détromper. Le nom de mon gendre qu'il porte me le rend encore plus odieux. Ah! quelle erreur fut la mienne lorsque je lui donnai ma fille pour épouse! Je ne peux effacer cette erreur qu'en immolant ce cruel ennemi. Ma chère Agiziade, ma fille unique, fut ma compagne et mon appui dans l'exil ; elle abandonna un époux chéri parce qu'il étoit l'ennemi de son père ; les liens de la nature lui parurent plus sacrés que ceux de l'amour ; elle aima mieux traîner près de moi une vie errante et malheureuse, que de rester sur le trône à côté de mon indigne oppresseur.

ANFARE.

Quelque juste que soit votre courroux,

renfermez-le dans votre sein, si vous voulez le satisfaire. Je ne hais pas moins que vous le superbe Agis, et je déteste ces vertus fastueuses qu'il affecte, pour blâmer nos nouvelles mœurs. Vouloir rétablir dans Sparte les lois de Lycurgue, c'est une entreprise aussi insensée que coupable; c'est pourtant là son dessein; pour l'exécuter, il nous a traînés sur le bord de l'abîme; il a bouleversé notre ville et l'a livrée aux fureurs des factions. Mais les tems sont changés, ces traîtres éphores qui étoient les esclaves d'Agésilas, et qui lui étoient encore plus dévoués qu'au perfide Agis, sont maintenant exilés ou morts; et Sparte réside en nous seuls. Mais cette partie du peuple, toujours séditieuse, toujours avide de choses nouvelles, veut encore Agis pour roi, afin de se livrer à tous les excès. Nous ne pourrons l'enchaîner par la force; tout nouveau gouvernement se perd en l'employant mal à propos. Que le peuple soit trompé avant d'être asservi. Laissez-moi ce soin qui m'intéresse autant que vous. Voici la mère d'Agis; elle règne plus que jamais dans les cœurs des Spartiates, il faut la ménager.

SCÈNE II.

LES PRÉCÉDENS, AGÉSISTRATE.

AGESISTRATE.

Qui trouvé-je sur mes pas ? Je vais près du roi de Sparte, retiré dans un asile sacré, et je vois l'usurpateur du trône errant autour de cet asile.

LEONIDAS.

Avois-je un asile, le jour affreux où je fus obligé de sortir de Sparte, quoique j'en fusse le roi ? Je vécus long-tems dans l'exil ; et mon sort fut d'autant plus affreux que je passai pour être coupable. J'aurois succombé à ma douleur, si Sparte elle-même, plus éclairée, ne m'eût rendu ma réputation en même-tems que ma puissance. Le traître Cléobronte, cet indigne rival à qui Agis avoit donné mon trône, vient d'être chassé, et son exil me justifie. Pourquoi Agis tarde-t-il à se justifier aussi ? Il fut mon collègue sur le trône ; il est mon gendre ; qu'il soit mon ennemi, s'il le veut. — Mais par quel motif, s'il n'est pas criminel, se tient-il caché dans ce temple ?

AGESISTRATE.

Léonidas, vous m'êtes connu ainsi qu'à Sparte. On peut dire en peu de mots, quels sont les crimes d'Agis et quels sont les vôtres. Agis voulut que Sparte fût libre, que les citoyens fussent égaux entr'eux, magnanimes et redoutables à leurs ennemis; il voulut enfin qu'ils fussent Spartiates, et qu'il n'y eût d'autre distinction que la valeur et la vertu. Léonidas voulut que sa patrie fût riche, lâche, divisée, plongée dans une molle oisiveté; telle enfin qu'elle est aujourd'hui. Les actions d'Agis sont des crimes, parce que dans Sparte, il y a plus de mauvais citoyens que de bons; les actions de Léonidas sont des vertus, parce qu'elles conviennent aux tems corrompus dans lesquels nous vivons.—Souvenez-vous du moins, si vous le pouvez, que mon fils se montra l'ennemi de votre règne, et non de votre personne; pensez que vous n'existeriez pas, si, plus citoyen que roi, il ne vous eût sauvé la vie, peut-être pour son malheur.

LEONIDAS.

Il est vrai que le jour où votre frère cruel, envoya ses vils satellites pour m'assassiner,

Agis, peut-être malgré vous, me fit défendre par d'autres satellites. Mais un roi banni, à qui son rival vient d'enlever l'honneur et le trône, peut-il regarder comme un bienfait le don de la vie ?

AGESISTRATE.

Ce don étoit aussi imprudent que magnanime : Agis le croyoit en vous l'accordant ; mais toute grande action étoit innée dans son cœur. Agis triomphant ne voulut point souiller par votre sang, l'entreprise aussi généreuse qu'inouie d'un roi, qui, de sa propre volonté, rend la liberté à ses sujets. Je ne le détournai point de vous pardonner ; peut-être l'aurois-je tenté en vain : mère d'Agis, pouvois-je me montrer moins généreuse que mon vertueux fils ? Il est vrai que j'ai pour frère, Agésilas ; mais il est devenu indigne de ce nom. Cachant ses pernicieux desseins, par de fausses vertus, et par une vaine éloquence, il trompa Agis, Sparte, et moi avec eux.

LEONIDAS.

Il ne me trompa jamais.

AGESISTRATE.

Il vous étoit connu, parce qu'il vous ressembloit. — Agésilas, plus que tout autre, porta Agis à faire disparoître les noms de créancier et de débiteur, de riche et de pauvre ; noms indignes de Sparte. Quoique engagé par notre exemple, à renoncer à ses richesses, vaincu par l'avarice, il souilla les fonctions sacrées d'éphore, en s'opposant à l'égalité. Le peuple bouleversé, et plus opprimé qu'auparavant, flottant sans cesse entre l'esclavage encore récent et la liberté mal affermie, vous rapella au trône ; il vous choisit comme un prince digne de rétablir les mœurs corrompues, auxquelles il ne vouloit pas renoncer. Ce peuple lui-même remit entre vos mains, Cléobronte, qu'il avoit nommé roi ; aujourd'hui il abandonne Agis qu'il adoroit, Agis sa seule idole, et il lui permet à peine de se retirer dans cet asile.

ANFARE

Les loix le mettent plus en sûreté que ce foible asile. Quoiqu'il les ait foulées aux pieds, elles veillent encore sur lui. Il rendra compte de sa conduite, en présence de Sparte et des éphores. S'il peut prouver qu'il n'est pas coupable, il n'a rien à craindre ni du roi, ni des éphores.

LEONIDAS.

Si son cœur ne lui reproche rien, pourquoi se retire-t-il dans un asile ? pourquoi ne demande-t-il pas que le peuple juge entre nous ?

AGESISTRATE.

Pourquoi vous appuyez-vous sur votre or et sur vos armes, plutôt que sur votre vertu ? pourquoi n'êtes-vous inspiré que par le desir de vous venger ? pourquoi ces éphores qui ne sont pas ceux de Sparte, mais les vôtres, inspirent-ils plus de terreur que les loix ? Mon Agis ne craint rien ; mais il veut éviter l'infamie, et celui qui a le pouvoir peut toujours l'imprimer sur ses victimes.

LEONIDAS.

Que fera donc votre Agis ? Il ne peut pas se tenir renfermé plus long-tems, s'il craint véritablement l'infamie.

ANFARE.

Sparte peut encore moins, dans le désordre où elle se trouve, se passer de l'un de ses rois. Agis en conserve toujours le nom : ses fonctions importantes ne sont pas remplies ; la ville n'est en sûreté ni au-dedans, ni au-dehors ; tout y est confondu ; elle manque....

AGESISTRATE.

Agis lui manque, et tout avec lui. Les ennemis de Sparte, chez lesquels Agis a fait renaître la terreur de nos armes, le savent aussi bien que nous. Oui, les farouches Etoliens, que le grand Aratus, avec les Achéens, ne put parvenir à vaincre, ont tremblé devant Agis, à peine sorti de l'enfance : il étoit digne des anciens Spartiates.— Je vous conseille, Léonidas, de ne rien entreprendre contre lui. Quoique le destin, trop souvent injuste, vous ait donné la victoire, craignez qu'un jour la patrie ne vous reproche cet attentat, et ne vous en punisse. Je ne sais si la patrie est un nom sacré pour vous; mais il l'est tellement pour moi, que s'il s'élevoit dans mon cœur le plus léger doute, qu'Agis, non-seulement par ses actions, mais par ses pensées, eut pu nuire au bonheur de Sparte, moi, sa mère, moi, la première, j'invoquerois contre mon fils la rigueur des lois. — Agissez comme vous le voudrez; Agis, et celle qui lui a donné le jour, ne peuvent trembler que pour leur patrie. Vous, quoique puissant, quoique favorisé par le sort, en descendant au fond de votre cœur, tremblez pour vous seul.

LEONIDAS.

Madame, vous êtes mère; vous l'êtes d'un homme qui a été roi; je vous excuse donc. Vous n'avez point de crainte, dites-vous? Je le crois; Sparte, les éphores et votre roi, vous donnent un jour pour montrer cette innocence vantée toujours, et jamais prouvée. Qu'Agis sorte enfin, et qu'il se défende; qu'il m'accuse même, s'il le veut; ou lui accorde tout, excepté un asile. Mais s'il persiste à se cacher, dites-lui que demain, au lever du soleil, Sparte ne le regarde plus comme un roi, ni moi comme un collègue.

SCÈNE III.

AGÉSISTRATE, ANFARE.

ANFARE.

Il parle comme un homme aigri par un exil récent; mais Sparte ne partage point son courroux.—Vous, à qui Sparte et Agis sont si chers, vous devriez disposer votre fils à se conformer aux tems, et l'engager...

AGESISTRATE.

Ni vous, ni Sparte, ni moi, ne pourrions l'engager à se conduire comme un lâche. Je pense bien que le courroux du roi n'est pas celui de Sparte ; la foule des Spartiates, rassemblés autour de l'asile d'Agis; leurs cris, qui l'appellent père de la patrie, roi citoyen, libérateur, nouveau Licurgue; tout me le prouve assez. Sa vertu doit être encore plus élevée, puisque, malgré les dangers, Sparte ose la louer; puisque la terreur que vous inspirez aux Spartiates a moins d'empire sur eux que leur admiration pour Agis.

ANFARE.

Le peuple se rassemble, et pousse de vaines clameurs ; mais il ne fera rien pour lui. La rebellion ne produira d'autre effet que d'aigrir les bons citoyens contre votre fils. Mère d'Agis, vous pouvez beaucoup sur les Spartiates, mais encore plus sur Agis. Engagez-le à faire cesser le désordre, et à se conformer, au moins en apparence, aux tems où nous vivons. Vous desirez le bien de Sparte et celui de votre fils, et vous savez qu'il ne peut se trouver dans les discordes civiles. Si vous refusez d'employer votre pouvoir pour ramener Agis, Léonidas, Sparte et moi, nous vous croirons ennemis de l'état; alors, nous verrons clairement que ces immenses trésors distribués par vous, étoient le prix de notre esclavage, et non de notre liberté. Les grandes entreprises, selon l'évènement, paroissent vertueuses ou coupables. Le cri public vous accuse d'avoir répandu d'immenses largesses, et d'avoir voulu en faire un trafic infâme ; dissipez ces indignes soupçons. Je ne vous ai point parlé comme ennemi, mais comme citoyen, et comme éphore ; je vous laisse penser à ce que vous devez faire.

SCÈNE IV.

AGESISTRATE (seule.)

Ils veulent gagner du tems ; il ne faut pas leur en donner. La feinte douceur d'Anfare, la rage que Léonidas cache avec peine, ah ! tout m'annonce quels seront les destins d'Agis et de Sparte. Tentons tout pour les sauver ; et si les Dieux irrités veulent être appaisés avec du sang, Agis et moi, nous, qui appartenons à la patrie, sachons mourir pour elle. — Puisse au moins Sparte renaître de notre cendre !

FIN DU PREMIER ACTE.

ACTE SECOND.

SCÈNE Iʳᵉ.

AGIS (seul.)

Dieux clémens ! qui avez daigné jusqu'à présent soustraire mon innocence aux fureurs de Léonidas, désormais je ne peux plus rester dans votre temple. J'ai cherché un asile auprès de vous pour épargner à l'état affoibli, de nouveaux tumultes et de nouveaux désastres. Maintenant qu'on ose dire que je veux me dérober à la juste punition de mes crimes, je quitte cet asile. — Sparte ! Sparte ! Dois-tu donc toujours être fatale à tes libérateurs ? Puissé-je éprouver le même sort que ton premier législateur ! je préférerois même une mort indigne à l'exil que s'est imposé Licurgue, si par ma mort, je pouvois rendre à tes lois sacrées leur ancienne force. Mais qui vient si rapidement près de moi ? Que vois-je ? Agiziade ! la fille de Léonidas. — Ma vertueuse épouse qui m'abandonna pour suivre un père malheureux !

SCÈNE II.

AGIS, AGIZIADE.

AGIZIADE.

Quoi, mon Agis, tu as quitté ton asile! Je venois pour t'y parler....

AGIS.

Chère épouse, toi que je n'ai jamais cessé d'aimer, pourquoi portes-tu tes pas vers un malheureux ?

AGIZIADE.

Agis... à peine puis-je parler... Je reviens à toi avec le malheur. L'état où tu es pouvoit seul me ramener auprès de toi. J'ai senti mon cœur se déchirer, lorsque j'ai été obligée de te quitter, de te laisser nos enfans, pour accompagner mon père dans son exil. Tu ne m'aurois jamais revue dans Sparte, je te l'avoue, s'il avoit toujours été exposé à un destin cruel. Il a recouvré ses dignités, tu as perdu les tiennes ; qui pourroit à présent m'arracher d'auprès de toi ? Je t'appartiens toute entière. Je te conjure par mon amour, par celui que je t'avois inspiré, et qui s'est peut-être affoibli, par nos enfans qui t'étoient si chers, par la patrie à laquelle tu t'es toujours dévoué ; je te conjure, Agis, de retirer seulement pour quelque tems tes nouvelles lois. L'amour de la paix, ce premier des biens, doit t'y décider. Reprends, avec Léonidas, les rênes de l'état, et gouvernez comme autrefois...

AGIS.

Agiziade, qui pourroit te blâmer d'aimer ton père ? Son ame est si loin de ressembler à la tienne, que tu ne peux le connoître. Toujours tendre et vertueuse, dans ces tems corrompus, tu donnes un exemple rare de la piété et de l'amour qui doivent animer une fille et une épouse. Pleine de courage, tu t'empresses de te réunir à celui qui est le plus malheureux. Si jamais tu m'as été chère, ton dévouement pour moi, lorsque tout le monde m'abandonne, ne doit-il pas redoubler mon amour ? Je n'attendois pas moins de ton cœur généreux ; seulement je craignois que Léonidas, ébloui par le bonheur, ne t'empêchât de me voir.

AGIZIADE.

Ta crainte étoit fondée. Trois jours se sont

ACTE II, SCÈNE II.

écoulés, depuis qu'il est rentré vainqueur dans Sparte, et depuis trois jours je lui parle en vain pour toi. Quoiqu'il m'eût refusé son consentement, je n'en étois pas moins décidée à me réunir à toi, à quelque prix que ce fût. Enfin lui-même a changé de pensée ; aujourd'hui il m'envoie près de toi pour te parler de paix ; il te l'offre par ma bouche ; il te supplie, il te conjure de quitter ton asile, et d'employer avec lui tous les moyens pour rendre à Sparte la tranquillité et le bonheur.

AGIS.

Il t'envoie à moi ! Un changement si rapide ne me fait rien espérer d'heureux. Mais que dis-je ? dois-je compter sur d'autres que sur moi ? Que me reste-t-il à craindre lorsque ma patrie est esclave ? quand tous les jours elle perd de sa puissance, et s'éloigne de ses antiques vertus ? Tu le vois, j'avois déjà quitté mon asile : une toute autre raison m'avoit décidé à prévenir les desirs de Léonidas. — Oui, ce jour sera un grand jour pour Sparte et pour moi ; il te sera peut-être funeste si tu m'aimes. — O ma fidelle épouse ! je n'en puis douter.... Mais si tu ajoutes quelque foi à mes paroles, n'irrite point en vain un père indigne de toi, je t'en conjure. Conserve-toi pour tes enfans; défends-les contre ce père cruel; cultive dans leurs jeunes cœurs, ces sentimens nobles que tu partageois avec moi, que tu éprouvois avec transport; ajoutes-y ceux qui sont l'essence sublime de ton amour filial; et que, sous tes yeux, mes fils croissent pour servir la patrie et pour imiter leur père. Je ne meurs point altéré de vengeance, mais dévoré d'un amour invincible pour les vertus spartiates. Qu'elles renaissent dans les cœurs de mes enfans, et mon ombre sera satisfaite.

AGIZIADE.

Tu me déchires le cœur.... Pourquoi veux-tu mourir?

AGIS.

Tu es Spartiate, tu es épouse d'Agis, étouffe tes pleurs. Mon sang peut être utile à Sparte, mes larmes te seroient inutiles. Ne me force point à pleurer avec toi.

AGIZIADE.

Je connois la noire indignation qui doit agiter ton cœur noble et généreux. Je porte dans mon cœur tes sublimes desseins, et je les partage. Si pour les accomplir, il n'étoit pas

nécessaire de causer la ruine de mon père, tu me verrois prête à les exécuter au prix de tout mon sang. — Combien de fois je m'indignai contre mon père ! combien de fois je pleurai d'être sa fille ! Mais je la suis......
Malheureuse ! Je suis entre vous deux ; au milieu de vous, je dois rétablir la paix ou mourir.

A G I S.

Tu devrois être fille de Sparte et mère de Spartiates, si tu étois née dans d'autres tems. Je ne veux pas cependant te faire un crime d'avoir un tel père. Ton ame noble et sensible livrée entièrement à elle-même s'est souvenue des noms de père et d'époux, et a oublié celui de la patrie : quel chagrin pour moi, si tu es plus épouse et fille que citoyenne ! Mais quelle que tu sois, je t'aime : je n'ai jamais voulu influer sur tes sentimens que par mes exemples. Je t'enconjure donc par notre amour, et s'il le faut, je te le commande, prépare-toi aujourd'hui à te montrer mère plus qu'épouse et fille. — Quel bruit affreux frappe mes oreilles ! La foule se précipite dans ces lieux. Quels cris ! Que vois-je ? ma mère ! Le peuple en armes suit ses pas.

SCÈNE III.

LES PRÉCÉDENS, AGÉSISTRATE, PEUPLE.

AGÉSISTRATE.

Et quoi! mon fils, vous avez déjà quitté votre asile? Pourquoi vous fiez-vous à la fille coupable de Léonidas? Je vous amène un secours plus puissant; tous ces braves Spartiates....

AGIS.

O ma mère! vous devriez mieux connoître Agis; je ne me fie qu'à moi. Cette femme que vous appelez la fille de Léonidas, est mon épouse, mon amante, et ne peut être séparée de votre fils. — Spartiates, qui que vous soyez, qui venez ici avec des menaces exciter une révolte, et flétrir ma réputation; Spartiates, écoutez Agis. — Je ne veux point qu'aucune force prenne ma défense contre la république; je ne cherche aucun asile, je ne crains personne. Il suffit de moi seul pour prouver mon innocence. Vous auriez pu autrefois me donner un secours légitime, et me venger de la méchanceté de mes ennemis, non avec des armes, mais avec des sentimens plus élevés et plus généreux ; aujourd'hui votre secours seroit vain, tardif et criminel.

AGESISTRATE.

Et tu veux t'exposer désarmé à la jalouse rage d'un Léonidas, aux accusations payées à nos criminels éphores ? Non, je ne le souffrirai pas; ils ne le souffriront point ces braves Spartiates, qui tous sont prêts à verser leur sang pour leur roi.

LE PEUPLE.

Nous sommes prêts à mourir pour Agis.

AGIS.

Autrefois Agis et Sparte ne pouvoient être séparés; le sort vient de les désunir pour jamais. Pour sauver Sparte, il est nécessaire qu'Agis périsse. On ne doit jamais verser le sang des citoyens, et encore bien moins quand ce sang ne peut faire renaître la vertu parmi eux. Vous ne pourriez mourir pour moi, sans en immoler beaucoup d'autres. Dans Sparte, vos vies, celles des autres citoyens, ne nous appartiennent pas; elles sont à la patrie. Il y a, je l'avoue, beaucoup de citoyens corrompus; mais pour les rappeler à leur devoir, je leur prépare un grand exemple, dont ils ne perdront jamais le souvenir ; cet exemple les forcera au repentir, et augmentera dans vos cœurs l'amour de la patrie.

AGIZIADE.

Malheureuse que je suis ! Tu me fais trembler. Qu'as-tu donc résolu ?

AGESISTRATE.

Pour qui tremblez-vous ? Parlez, est-ce pour votre époux, ou pour votre père ?

AGIS.

Ah ! ma mère, vous ne savez pas quelle douleur vous me faites éprouver, en outrageant mon épouse. Elle m'est devenue plus chère depuis les preuves qu'elle a données de sa piété filiale. — Ma mère, mon épouse, et vous peuple, écoutez-moi. — J'ai pris la résolution de convaincre aujourd'hui mes envieux, et mes ennemis impitoyables, que je ne cessai jamais d'aimer véritablement la patrie. Aux yeux des citoyens, je me suis toujours montré père, roi et citoyen ; je crois qu'on ne peut le révoquer en doute. Mais si par hasard j'ai inspiré quelques soupçons par les lois que j'ai voulu rétablir, on a ensuite imputé à la lâcheté et à la crainte d'un supplice mérité, le soin que j'ai pris de me retirer dans cet asile. Agis fut-il jamais un roi vulgaire ? Aujourd'hui on connoîtra mon cœur. Que ce péril m'est cher, puisqu'il me fournit les moyens de faire connoître le bien que j'ai tenté, et de démasquer la criminelle envie de ceux qui s'y sont refusés ! Quand il s'est agi de la chose publique, j'ai déployé l'autorité d'un roi ; quand il s'agit de mon sort, je ne suis plus qu'un simple particulier. Ce n'est pas que je croie convaincre tous mes ennemis, ils le sont déjà dans le fond de leurs cœurs ; mais je veux les couvrir, en présence de Sparte entière, de l'opprobre et de l'infamie qu'ils méritent. Ils viendront m'accuser, je l'espère. Je me défendrai plutôt avec mes actions, qu'avec de vaines paroles. Je ne veux qu'exposer au peuple tous les desseins que j'avois conçus, ensuite je me soumettrai....

LE PEUPLE.

Toi, te soumettre ? Non, jamais...Nous forcerons ces traîtres à t'entendre....

AGIS.

Non. La vérité qui sortira de ma bouche,

aura seule le droit de fixer leur attention. Si mon honneur vous est cher, je vous conjure, je vous ordonne de déposer les armes, et de vous soumettre avec moi aux éphores, quels qu'ils soient. Le tyran de Perse, lorsque dans son empire il voit des sujets se déclarer ouvertement ses ennemis, leur répond avec le glaive du despotisme. Mais le roi de Sparte doit compte de ses actions à ses adversaires ; il oppose d'abord des raisons aux efforts de la calomnie ; si elles sont vaines, il ne leur oppose que le courage intrépide d'un roi. — Je me repens, et je me repentirai toujours, que ce même Léonidas qui m'attaque aujourd'hui, ait été chassé de votre ville, sans être entendu. Peut-être n'eût-il pas répondu victorieusement aux accusations dirigées contre lui ; il n'osa le tenter ; mais on devoit lui en fournir les moyens. Agésilas voulut employer la force ; je m'y opposai en vain ; tout le monde ne le sait pas ; on ne doit donc pas me confondre avec Agésilas. Depuis ce jour, mais trop tard, j'ai vu qu'il étoit un faux Spartiate ; mais j'étois pressé par le tems ; et l'exil de Léonidas, qui s'opposoit seul au bien que je voulois faire, me sembloit nécessaire à l'état. Voilà pourquoi je l'ai condamné justement, mais contre les formes, à un bannissement qui pouvoit être utile à Sparte.

LE PEUPLE.

Tout le monde ne sait-il pas que tu lui as sauvé la vie ?

AGIZIADE.

Oui, par lui seul, mon père jouit encore de la lumière du jour. Je l'ai vu moi-même dans le plus affreux danger. Les cruels satellites d'Agésilas étoient prêts à l'atteindre, lorsque les amis d'Agis les mirent en fuite, et nous procurèrent un asile certain.

AGESISTRATE.

Et Léonidas veut aujourd'hui lui payer ce service, en lui ôtant, non-seulement sa vie, mais sa renommée !..

AGIS.

Ma renommée ne dépend pas du tyran ; elle n'est attachée qu'à moi et à mes actions.

AGÉSISTRATE.

Ce sont vos actions qui excitent la jalousie de vos rivaux, et qui leur inspirent le desir de vous perdre. Mais Anfare s'approche ; il est le conseil et le digne ami de Léonidas...

AGIS.

Il le faut écouter.

AGIZIADE.

O ciel ! je tremble.

SCÈNE IV.

LES PRÉCÉDENS, ANFARE.

ANFARE.

Je ne croyois point, Agis, vous trouver hors de votre asile, et au milieu d'une troupe de séditieux. Mais je ne pouvois pas desirer de plus agréables témoins de ce que j'ai à vous dire. Je vais vous apprendre les volontés de Sparte.

AGIS.

Quelles sont-elles ?

ANFARE.

Sparte veut la paix.

AGIS.

Quelle paix ?

ANFARE.

Une paix véritable, pourvu qu'elle ne soit pas trop contraire à nos vues, pourvu que vous ne cherchiez pas votre sûreté et votre grandeur dans les troubles et dans les rebellions.

A G I S.

Ce n'est pas devant vous que je dois me justifier. Je le ferai peut-être devant ceux qui ont le droit de m'entendre. Cependant, écoutons quelle est la paix que me propose Léonidas.

A N F A R E.

Suis-je envoyé par le roi ? Je suis éphore de Sparte, et je vous parle au nom de Sparte. Si vous voulez vous soumettre au vœu des bons citoyens, rendre la tranquillité à l'état, en condamnant vous-même vos nouvelles lois, Sparte, aujourd'hui, vous rendra le trône dont vous êtes tombé depuis votre fuite.

A G É S I S T R A T E.

Agis...

A G I S.

Ma mère, je suis votre fils ; soyez tranquille sur moi. — Vous, qui me parlez au nom de Sparte, qui me rendez indigne du trône, en m'offrant de m'y faire remonter, portez, je vous prie, ma réponse à Léonidas ; dites-lui que je voudrois avoir un entretien avec lui, avant de me justifier devant les Spartiates.

AGIZIADE.

Je vous en conjure, Anfare, invitez mon père à consentir à cette entrevue. Rappelez-lui, que sans Agis il n'existeroit plus ; rappelez-lui qu'il a donné à Agis sa fille unique et chérie...

AGIS.

Ne lui rappelez qu'une chose, c'est que tous deux nous sommes citoyens de Sparte, et que le bien public veut qu'il m'entende.

ANFARE.

Il est douteux qu'il veuille ou qu'il puisse consentir à cet entretien, ne sachant pas si vous acceptez, ou si vous refusez ce qu'il vous propose.

AGIS.

Sous aucun prétexte, il ne peut refuser de m'entendre. J'abandonne pour jamais cet asile ; je ne veux être suivi par aucun cortège. —Spartiates, je vous le dis à haute voix ; je veux rester ici, seul, sans armes, et n'ayant pour appui que mon innocence. (Le peuple se retire.) Vous le voyez, Anfare, Léonidas ne peut rien craindre. Dans quelques instans, je reviendrai à cette place ; que le roi daigne s'y rendre. J'y serai seul, il pourra s'y trouver avec ses satellites ; nous serons vus par tous les citoyens de Sparte, mais nous ne serons entendus par aucuns.

ANFARE.

Puisque vous le voulez, je vais avertir Léonidas.

SCÈNE V.

AGIS, AGÉSISTRATE, AGIZIADE.

AGIS.

Je savois ce qu'il falloit faire pour l'attirer ici.—Je vais à présent retourner avec vous dans ma maison, et y revoir mes enfans. Je jouirai de quelques instans de bonheur, avant de me rendre à ce fatal entretien.

AGIZIADE.

O ciel !

AGESISTRATE

Que pouvez-vous espérer d'un roi impie ?

AGIS.

Il dispose du sort de Sparte, ma mère, et vous demandez ce qu'Agis peut espérer de lui.

FIN DU SECOND ACTE.

ACTE TROISIÈME.

SCÈNE Ire.

AGIS.

Léonidas n'arrive point encore : peut-être veut-il se refuser à mon invitation. Il ne l'oseroit : la honte plus que toute autre chose, doit le conduire en ce lieu. Le peuple a entendu la généreuse prière que je lui ai adressée par Anfare ; les regards curieux de ce peuple sont encore fixés sur lui : quoiqu'il soit vainqueur, il est encore loin d'être tranquille. Puissé-je, ah ! puissé-je faire servir sa crainte au bien de Sparte !.... Je le vois enfin. Il est entouré d'un cortège royal. Cela convient à sa situation. Allons à sa rencontre.

SCÈNE II.

AGIS, LÉONIDAS, GARDES.

AGIS.

Avant de tenter de nouvelles entreprises, ô roi ! venez-vous pour m'entendre ?

LEONIDAS.

Oui, je viens pour vous entendre.

AGIS.

Je vous demande donc que notre entretien soit secret.

LEONIDAS.

(Aux gardes.) Éloignez-vous un peu. (à Agis.) Me voilà seul; je vous écoute.

AGIS.

Je ne vous parle point comme un gendre doit parler à son beau-père, quoique j'adore une épouse, qui est le plus touchant exemple de la piété filiale.

LÉONIDAS.

Avant que vous ne me bannissiez de Sparte, il est vrai qu'elle étoit pour nous le lien de la plus tendre amitié.

AGIS.

Je le sais; je ne dois pas en parler dans ce moment, puisqu'alors j'eus l'air de l'oublier; vous savez cependant que je n'en perdis pas le souvenir. Mais Sparte parloit plus haut dans mon cœur, et, à ses cris, j'ai toujours étouffé les affections les plus chères. Vous êtes le roi de Sparte, et mon ennemi ; mais si vous n'êtes pas ennemi de Sparte, je demande aux Dieux, protecteurs de la patrie, et j'espère l'obtenir d'eux, une éloquence si forte, qu'elle puisse vous instruire de vos véritables intérêts, et vous faire employer le moyen le plus prompt et le plus sûr de contenter tous vos desirs.

LÉONIDAS.

Tous mes desirs ? Et savez-vous quel est l'objet de mon ambition ?

AGIS.

Vous desirez, par-dessus toute chose, vous venger de moi, et vous obtiendrez cette vengeance ; vous l'obtiendrez toute entière. Une puissance durable est le second objet de vos vœux ; et je veux vous en indiquer la véritable base. Je vous offrirai encore un infaillible moyen pour acquérir un bien plus précieux, auquel vous n'avez peut-être jamais pensé ; il est tel, que, quoiqu'il vous soit facile de l'obtenir, vous ne devez pas le mépriser. Vous en jouirez éternellement...

LÉONIDAS.

Et quel est ce bien ?

ACTE III, SCÈNE II.

AGIS.

La renommée !

LEONIDAS.

Vous sauriez mieux l'enlever que la donner. — Vous avez occupé le trône avec moi ; jamais alors vous n'avez voulu concourir au bien que je voulois faire pour notre commune gloire. Vous n'avez pensé qu'à votre avantage particulier, et vous avez cherché à flétrir mon nom, pour élever le vôtre. C'est pour cela que vous avez exilé votre collègue, et exposé Sparte. Je ne veux cependant point tirer vengeance de tant d'outrages ; l'intérêt de Sparte désolée pourroit m'y porter; mais je suis retenu par l'amour de la paix, de cette paix que vos complices cherchent en vain à troubler. Au nom de Sparte, je vous offre donc un généreux pardon.

AGIS.

C'est trop, Léonidas. — Personne ne peut nous entendre. Que sert de dissimuler? Croyez-vous que je n'aie pas lu dans votre cœur? Vous ne me persuaderez pas que vous êtes changé. Je pense qu'il ne suffit pas à votre tranquillité de m'avoir enlevé le sceptre et la puissance.

Vous savez bien que, tant que je respire, il ne vous est pas permis de me donner un successeur. Vous n'osez cependant pas me faire mourir, parce que je suis cher au plus grand nombre des Spartiates. Voilà vos secrètes pensées, vous ne pouvez le nier ; écoutez à présent les miennes.—C'est, malgré moi, que je me suis retiré dans cet asile : j'en sors par ma seule volonté ; je puis, si je le veux, opposer la force à la force, l'artifice à l'artifice ; je ne le veux pas. Vous devez à présent être convaincu que j'empêcherai qu'aucune goutte de sang ne soit versée pour moi. Je suis seul ; je me remets en vos mains ; vous me voyez vous supplier pour la patrie ; je suis prêt à sacrifier pour elle, non-seulement mes jours, mais ma renommée.

LEONIDAS.

Est-elle intacte cette renommée dont vous m'offrez le sacrifice ?

AGIS.

Oui, elle l'est ; elle n'est point indigne d'Agis ; à vos regards envieux, elle est trop pure et trop belle.... Vous me détestez, j'adore Sparte. Écoutez comment vous pourrez servir en même-tems votre haine et mon amour.

J'ai entrepris de rendre à Sparte sa liberté, sa grandeur et sa vertu, en rendant tous les citoyens égaux. Appuyé de tous les faux Spartiates, vous n'avez cessé de vous y opposer : vous voyiez dans mes nouvelles lois le bonheur et l'avantage de tous; votre cœur n'étoit point fermé aux divins rayons de la vertu, quoiqu'il n'en fût pas enflammé; mais l'amour de l'or, le desir d'une injuste puissance, y dominoient sur l'utilité publique, sur les cris de la vérité, et sur tous les sentimens généreux. La voix publique, qui ne se trompe jamais, vous appella alors ennemi de Sparte; elle vous bannit, et vous ne cherchâtes pas à la démentir. Exilé, proscrit, errant, vous alliez périr par la main d'un traître; je ne le souffris pas. Je ne vous rappelle pas ce bienfait pour vous le reprocher, mais pour vous donner la preuve certaine que, dans mes grands desseins, j'avois pour but, le bonheur de Sparte, et non votre perte.

LEONIDAS.

Vous fîtes une grande imprudence, en me sauvant la vie.

AGIS.

Vous le prouverez, en me faisant périr. Je

vais vous en indiquer les moyens. — Sparte préfère la liberté à la tyrannie ; soyez-en sûr, quoique, depuis quelque tems, vous lui ayiez imposé un joug rigoureux. Une révolte dirigée contre l'infâme Agésilas, vous a remis sur le trône, et l'a chassé du rang d'éphore : tant que je garderai le silence, on m'accusera d'être son complice. Ne me forcez pas à lever entièrement ce doute qui pèse sur moi ; il m'est très-facile de prouver qu'Agésilas trahissoit en même-tems Sparte et Agis. Si je parvenois à en convaincre les citoyens, vous ne pourriez employer la force contre moi, sans vous exposer.

LEONIDAS.

Le croyez-vous ?

AGIS.

Vous le savez, mais ne craignez rien. J'ai voulu être roi d'un peuple libre, je vous laisse gouverner un peuple d'esclaves. Toutes vos forces ne suffiroient pas pour me faire paroître coupable aux yeux de Sparte ; c'est moi qui veux m'accuser devant elle. Je veux vous donner sur moi une entière victoire, pourvu que, contre votre volonté, vous consentiez à faire la grande entreprise que je desire.

LEONIDAS.

Vous m'outragez en vain...

AGIS.

Accomplissez vous-même les grandes choses que j'ai tentées pour le bonheur de Sparte et pour sa gloire. Remettez en vigueur, non les lois que j'avois proposées, mais les lois saintes et vigoureuses du grand Licurgue. Bannissez la pauvreté et les richesses; dépouillez-vous de vos trésors, rendez les citoyens égaux ; devenez Spartiate, et faites des Spartiates. — C'est ce que j'ai essayé ; ayez en la gloire, en l'accomplissant. — Si vous me jurez de tenir cette conduite, vous pourrez me traduire devant le peuple comme un coupable ; vous pourrez dire que je couvrois du voile du bien public, mes desseins ambitieux ; que mon but étoit coupable, mais que mes lois étoient salutaires. Vous ajouterez, qu'avec des intentions plus pures, vous voulez régénérer votre patrie. Alors Sparte entière m'entendra dire que je suis coupable, et que j'ai mérité la mort ; je déclarerai que j'ai partagé les violences et les injustices d'Agésilas; que je l'avois élevé pour essayer l'effet de la tyrannie; et que je voulois ainsi juger de la bassesse des Spartiates. Cela suffira, je le crois. Vous le voyez, cette mort que vous ne pourriez me donner que par trahison, je la recevrai de mes concitoyens; et elle paroîtra juste. Ma réputation qui vous offense, et que vous ne pouvez m'enlever, je la flétris, et je vous la donne; je meurs, vous régnez; nous sommes tous deux satisfaits; la royauté augmente votre gloire, moi je descends dans la tombe, couvert d'infamie; mais avec l'espoir que Sparte va reprendre une nouvelle existence.

LEONIDAS.

Me croyez-vous assez lâche?...

AGIS.

Je vous crois magnanime, puisque je vous juge digne d'accomplir cette grande entreprise.

LEONIDAS.

Moi, servir vos desseins impies et dangereux....

AGIS.

Quand je serai mort, je ne vous inspirerai plus d'envie; et vous pourrez remplir mes projets pour l'avantage de Sparte et pour le vôtre. Osez vous revêtir de ma grandeur: vous en fûtes jaloux; lavez avec mon sang cette horrible passion. Elevez-vous à une gloire que vous ne deviez pas espérer, et montrez-vous digne du trône que vous occupez.

LEONIDAS.

Le cri universel des citoyens m'a élevé au-dessus de vous. Si Sparte me permet de vous pardonner, j'aurai remporté sur vous une assez grande victoire. Il faut cependant que je vous présente au peuple. — Avez-vous encore quelque chose à me dire?

AGIS.

Je n'ai qu'une chose à vous dire : vous ne savez pas être méchant, et vous ne savez pas feindre la vertu.

LEONIDAS.

Maintenant que j'ai prêté l'oreille à vos discours, je crois qu'il est nécessaire de vous conduire à la prison, pour que ce temple ne vous serve plus d'asile.

AGIS.

Je serai, dans la prison, plus tranquille que

vous sur le trône. Sparte nous entendra tous deux, et vous ne pourrez soutenir mes regards. — Si vous me faites mourir dans la prison, vous vous perdrez, pensez-y. Il ne vous reste pour vous sauver et pour vous assurer de ma mort, que le moyen que je vous ai indiqué.

SCÈNE III.

LEONIDAS (seul.)

Je le tiens enfin. Je cours un grand danger, j'éprouverai de grands obstacles; cependant, dussé-je succomber avec lui, je veux perdre cet homme qui, sous le voile de la modestie, m'accable de son orgueil. Mais je ne gagnerai rien à le faire mourir, si auparavant je ne parviens à flétrir sa mémoire; c'est là l'unique moyen d'assurer la tranquillité de mon règne. — Ah! je ne le sens que trop, sa brûlante éloquence a retenti jusqu'au fond de mon cœur, et l'a presque subjugué. — Non, cette vertu fastueuse et abhorrée, rallume toute ma fureur; qu'il périsse!...... et s'il le faut, mourons avec lui.

SCÈNE VI.

LÉONIDAS, AGIZIADE, AGÉSISTRATE.

AGIZIADE.

Mon père, est-il vrai? O trahison! mon époux entraîné par des soldats...

AGESISTRATE.

Voilà la foi de Léonidas.

LEONIDAS.

Que parlez-vous de foi? Qu'ai-je promis? J'ai donné ma foi à Sparte, et non à Agis.

AGIZIADE.

O mon père! ayez pitié de votre fille.

AGESISTRATE.

N'est-il pas sorti librement de son asile; seul, sans armes? n'est-il pas venu vous parler de paix? Et vous le faites conduire dans la prison par vos infâmes satellites! Vous attentez ainsi, contre la volonté de Sparte, à la dignité d'un roi... Monstre!

LEONIDAS.

Les pleurs ni les outrages ne me feront pas changer de conduite. Je suis le premier magistrat, et non le tyran de Sparte. Les éphores et le peuple doivent juger si Agis est coupable; s'il est innocent, ils peuvent le rétablir sur le trône. En lui laissant prendre ce temple pour asile, en souffrant qu'il s'appuyât de la faveur du peuple, on ne pourroit jamais savoir s'il est innocent ou coupable. Il me paroît qu'il est tems que Sparte sorte enfin de l'horrible incertitude d'avoir deux rois, suivant sa constitution, ou de n'en avoir qu'un.

AGIZIADE.

O mon père! Agis vous a sauvé la vie, et vous le faites charger de chaînes. Vous lui avez donné votre fille, et vous voulez flétrir sa gloire. Quand il seroit coupable, comme il est innocent, vous devriez le premier embrasser sa défense. Dans votre malheur, je vous ai donné des preuves certaines de mon amour; dans l'infortune d'Agis, rien ne peut me séparer de lui. Il faut, ou briser les fers de votre gendre, ou souffrir que votre fille les partage. Les prières, les menaces ne pourront me contraindre à l'abandonner. Vous n'exercerez sur lui aucune vengeance qui ne tombe à l'instant sur moi, vous verserez le sang de celle qui abandonnoit sa patrie, son trône, son époux, ses enfans, pour vous suivre dans votre exil.

AGÉSISTRATE.

Vous êtes ma fille, et non celle de ce barbare.... Vous parlez en vain à ce père qui a étouffé tous les sentimens de la nature. — Une vile jalousie, un lâche desir de vengeance ferment sa bouche et son cœur. — Que diriez-vous ?... Léonidas, vous avez juré dans votre cœur la ruine d'Agis, je le sais. Tout le monde connoît les pièges que vous lui avez tendus. Mais si vous nous donnez la mort à l'un et à l'autre (car je ne pourrai lui survivre), en vain espérez-vous de flétrir notre gloire. Pour la vôtre... Mais que dis-je ? en avez-vous ? — Vous n'avez jamais eu d'autre but que de vous affermir sur le trône, de conserver vos richesses, et de les accroître. A la cour de Séleucus, vous avez appris en même-tems l'art d'amasser de l'or et de répandre du sang. Vous régnez à Sparte comme un monarque de Perse. C'est pour cela que vous êtes épouvanté de cette égalité sainte qui feroit renaître toutes les vertus ; et c'est pour cela aussi que vous ne conserverez pas long-tems ce trône acquis par tant de crimes.

LEONIDAS.

Vos injures n'ont pu aigrir mon cœur, et vos justes larmes n'ont pu l'attendrir. Sparte, et non pas moi, se plaint d'Agis, et lui demande compte de son administration. Malgré ma puissance, je ne veux employer la force que pour lui ôter les moyens de se soustraire au châtiment qu'il a mérité.

AGESISTRATE.

Qu'il a mérité ? — Oseriez-vous, dites-moi, présenter Agis dans la place publique, au peuple de Sparte rassemblé, et délivré de la crainte que vous lui inspirez ?

LEONIDAS.

La volonté des éphores ne m'est pas encore connue.

AGESISTRATE.

La vôtre ne me l'est que trop. Agis ne doit point être traduit devant des éphores achetés, mais devant Sparte toute entière ; si vous le refusez, Sparte volera à sa défense ; si vous me faites mourir avec mon fils, tremblez de ce que je peux entreprendre.

SCÈNE V.

LÉONIDAS, AGIZIADE.

AGIZIADE.

Je ne vous quitte point, mon père, je reste à vos pieds; je ne cesserai d'embrasser vos genoux, jusqu'à ce que vous m'ayiez rendu Agis, ou que vous m'ayiez fait mourir avec lui de votre main.

LEONIDAS.

Fille chérie, lève-toi. Je ne desire rien plus ardemment que de ne te plus quitter. Tu as partagé avec moi tant de malheurs, tant d'outrages, qu'il est bien juste que tu partages ma prospérité. Personne n'aura plus d'empire que toi sur mon cœur; sous mon nom, tu commanderas dans Sparte; et jamais....

AGIZIADE.

Que dites-vous? Je ne demande qu'Agis; vous me l'avez donné, et vous ne pouvez me l'enlever qu'en m'arrachant la vie; vous ne pouvez non plus l'enlever à Sparte, sans avoir la réputation d'un roi injuste et d'un homme dénaturé.

LEONIDAS.

Comment peux-tu t'aveugler à ce point ? Ne vois-tu pas qu'Agis est coupable ? Quand il seroit innocent, ne sais-tu pas qu'il n'est plus en mon pouvoir ? Les éphores doivent l'entendre, et le juger. Pour moi, je ne puis ni le sauver, ni le perdre.

AGIZIADE.

Vous êtes mon père, vous m'aimez, je vous ai donné des preuves assez fortes de mon amour; et vous voulez feindre avec votre fille. — Vous avez pu arrêter Agis par trahison, le charger de fers, et vous ne pourriez le sauver ? Ah ! ne me forcez pas à croire....

LEONIDAS.

Que servent ces pleurs ? Je ne puis rien pour lui. Il est tems que j'aille rendre compte aux éphores des mesures que j'ai prises contre Agis.

AGIZIADE.

Je m'attache à vos pas. Vous ne pourrez donner aucun ordre cruel, qui ne retombe sur votre fille.

LEONIDAS.

Laisse-moi, retourne à mon palais.

AGIZIADE.

Je vous suis. O mon père! vous devez tout faire, et j'en suis sûre, vous ferez tout pour un gendre innocent qui vous a sauvé la vie. —Vous ne pourrez le faire périr qu'en frappant votre fille du même coup.

FIN DU TROISIÈME ACTE.

ACTE QUATRIÈME.

SCÈNE Iʳᵉ.

(La scène est dans la cour de la prison de Sparte.)

LÉONIDAS, ANFARE, PEUPLE.

ANFARE.

Vous arrivez tard, et le tems presse.

LÉONIDAS.

Excuse un père. J'ai été obligé d'accompagner ma fille depuis ce lieu jusqu'à ma maison. J'ai eu beaucoup de peine à m'en séparer ; le sort de son époux la mettoit au désespoir. Ses pleurs m'ont fortement ému.

ANFARE.

Et quoi ! êtes-vous troublé ou ému ? Pensez-vous plus à votre fille qu'à votre vengeance ?

LÉONIDAS.

J'abhorre Agis plus que je n'aime le trône ; cependant les larmes de ma fille, ses prières m'attendrissent vivement. — Mais je suis prêt. As-tu tout disposé ?

ACTE IV, SCÈNE I.

ANFARE.

Ne le voyez-vous pas ? Dans cette vaste cour des prisons, j'ai cru convenable de placer notre tribunal. Le lieu, moins grand que la place publique, contiendra une plus petite quantité de peuple ; mais on peut y en introduire assez pour remplir nos vues. Des émissaires veillent aux portes, et ne laissent entrer que nos partisans. — Vous le voyez, cette enceinte est presque remplie, et il ne s'y trouve presqu'aucun de nos ennemis. Le bruit n'est pas encore répandu du grand jugement que l'on va rendre ; et j'espère qu'avant qu'Agésistrate parvienne à le troubler avec son escorte séditieuse, il sera exécuté.

LÉONIDAS.

Mais es-tu sûr que cette promptitude n'aura pas pour nous des suites fatales ?

ANFARE.

Outre les ressources que nous donne notre dignité, nous en avons d'autres considérables. Il faut employer une grande adresse en accusant notre ennemi ; nous devons nous montrer justes aux yeux même de nos partisans, et paroître plus occupés de leurs intérêts que des nôtres. Il pourra s'élever quelque tumulte ; je l'ai prévu. Il suffit pour moi qu'Agis ne sorte pas vivant de ces murs. Aux premiers mouvemens séditieux, vos soldats, nos partisans, les noms des éphores, et votre courage, pourront contenir les mutins. Profitons du moment, et nous serons vainqueurs.

LÉONIDAS.

J'apperçois le sénat et les éphores ; une foule de peuple les suit; elle ne paroît point triste, mais je vois dans ses yeux quelque satisfaction d'assister au jugement d'un roi oppresseur. Déployons du courage ; et pendant que je vais amuser cette multitude par de vaines flatteries, entre dans la prison et amène-nous Agis bien gardé.

SCÈNE II.

LES PRÉCÉDENS, les éphores, les sénateurs.

(Chacun prend place.)

LÉONIDAS.

Je rends graces aux dieux qui ont réuni dans cette enceinte tous les bons citoyens, et non cette populace audacieuse et turbulente qui, par la force, nous a souvent entraînés, malgré nous, dans de grandes erreurs. — Un spectacle nouveau s'apprête pour Sparte ; c'est le plus beau dont puisse jouir un homme libre. Un de vos rois, arrêté par vos éphores, va paroître devant vous comme un accusé. Vous entendrez ses fautes, sa justification, et son jugement auquel vous participerez. Quoique je sois roi, c'est avec joie que je vous remets ce droit sacré. Je n'eus pas le même sort, dans ce jour aussi funeste pour Sparte que pour moi, où, chassé du trône, condamné à l'exil, je pus à peine sauver mes jours. Sans être accusé, sans être entendu, je fus obligé de céder à la force ; et cependant je souffris moins de mon exil, que de la certitude de laisser Sparte, privée de ses lois, dans le plus grand péril. Instruits enfin par vos malheurs, vous m'avez rappelé, et vous avez replacé les lois sur le trône. Vous avez chassé Agésilas, Cléobronte, et leurs infâmes éphores, tous convaincus de trahison. Agis reste ; plusieurs croient qu'il n'est pas coupable, et peut-être est-il innocent ? Cependant je l'ai fait arrêter, et l'on ne va l'amener devant vous que pour examiner sa conduite. S'il est convaincu de crimes, vous m'entendrez le premier implorer votre pitié pour mon gendre. A vos yeux, comme aux miens, sa grande jeunesse le rend digne d'indulgence. Ephores, sénateurs, citoyens, jamais votre dignité n'a été plus respectable que dans ce moment. Vous allez connoître aujourd'hui, et peut-être pardonner les crimes de votre roi ; je soumettrai aussi mes actions à votre jugement. Cette preuve est, je crois, la plus grande que je puisse vous donner de la pureté de mon cœur, et de l'équité de mon règne ; je brûle de vous la donner. Qu'Agis apprenne à Léonidas qu'un roi doit trembler devant les lois de l'état. Mais je vois Agis s'approcher de votre tribunal ; je me tais. Simple citoyen, j'attends de la majorité la fin de cette grande cause. Je jure de soutenir de toutes mes forces la sentence que vous porterez, quelle qu'elle puisse être.

SCÈNE III.

LES PRÉCÉDENS, ANFARE, AGIS, entouré de GARDES.

ANFARE.

Spartiates, éphores, roi, celui que je pré-

ACTE IV, SCÈNE III.

sente à votre tribunal est Agis, fils d'Eudamidas. Il partagea le sceptre avec Léonidas; il le chassa du trône, et choisit pour collègue, Cléobronte. Vous avez cru nécessaire de rappeler Léonidas, qui a pris la place de Cléobronte. Agis s'est retiré ensuite dans un asile sacré ; il vous dira pourquoi il a embrassé ce parti. Depuis qu'il a fui son poste, il n'est plus roi, et il est censé avoir abdiqué la couronne ; mais il n'est pas non plus simple citoyen, puisqu'il n'a pas légalement déposé sa dignité, puisqu'il n'en a pas été dépouillé. Il ne pouvoit être considéré comme innocent, après s'être retiré dans un asile ; ni comme coupable, quand personne ne l'accusoit. Les dieux protecteurs de Sparte , l'ont remis aujourd'hui en votre puissance, sans que son asile fût violé par aucun de nous. Je l'accuse maintenant, en votre présence, d'avoir changé nos lois saintes, au gré de ses caprices; d'avoir employé des violences injustes et tyranniques contre Léonidas et les éphores; d'avoir excité le peuple à la révolte, dans l'espoir de remplir ses projets criminels ; et, enfin, pour renfermer tous ses excès dans un seul crime, d'avoir trahi et outragé la majesté de la république.

AGIS.

Cette pompe est solemnelle, j'en conviens. Mais pourquoi Sparte entière n'est-elle pas témoin d'une affaire aussi importante ? pourquoi ne suis-je pas, comme tous les autres accusés, conduit dans la place publique ? — Je vois, il est vrai, des éphores, un roi, et une ombre du sénat; mais, de quelque côté que je tourne les yeux, je n'apperçois qu'un petit nombre de citoyens mêlés à vos soldats. Est-ce là, dites-moi, la majesté du peuple de Sparte ? Non-seulement je voudrois que Sparte, mais que la Grèce toute entière entendissent vos accusations et mes réponses. Puisque vous avez une si grande certitude de mes crimes, par quelle raison nous privez-vous d'un si grand nombre d'auditeurs qui seroient en même-tems les témoins de ma honte ?

LEONIDAS.

Vous voyez dans ce lieu autant de citoyens qu'il en peut contenir. Vous devez savoir que si l'on vous fesoit sortir de cette enceinte, on mettroit à une épreuve trop dangereuse la dignité des éphores, et votre innocence même. Pour vous justifier de vous être caché dans un asile, vous avez dit que vous vouliez enlever au peuple tous les moyens de se soulever, et de répandre du sang. Comment voudriez-vous maintenant paroître en sa présence, et recevoir un jugement tranquille, au milieu de ses clameurs séditieuses ?

AGIS.

Un jugement plus tranquille, et moins dangereux pour vous, eût été de m'envoyer la mort dans ma prison : mais celui-ci sera peut-être moins tranquille que vous ne l'espérez. La crainte ne me fait point parler; je suis sûr de mon sort, et je viens ici avec autant de tranquillité que si j'allois dans la place publique. Je connois déjà ma sentence, sans l'avoir entendue : mais jamais elle ne m'affligera autant que ce que je vois depuis longtems dans ma patrie. — Juges, et vous, qui que vous soyez, qui m'écoutez, je vous déclare que, condamné à mort dans ces murs, je ne pourrai, en mourant, vous rendre la paix, comme je l'avois desiré; en m'immolant, vous ne recouvrerez pas le bonheur et la tranquillité. — Que les arrêts du ciel soient accomplis! Écoutons les accusations.

ANFARE.

Écoutez-moi, je parle au nom des éphores.

— Avez-vous, Agis, condamné à l'exil Léonidas, sans l'avoir entendu?

AGIS.

Il fut appelé en jugement, et il prit la fuite.

LEONIDAS.

Je fus appelé, je l'avoue, mais devant une populace furieuse et révoltée. Cela pouvoit-il être nommé un jugement?

AGIS.

Autant que celui-ci, au moins. Vous pûtes fuir, vous ne fûtes donc pas mis en prison. Les moyens de fuir ne me manquoient pas; je me suis rendu prisonnier, et je me suis soumis au jugement; quel qu'il soit, je ne le crains pas. Je le desirois depuis long-tems; il me donne le droit de me faire entendre.

ANFARE.

Avez-vous violé les lois?

AGIS.

J'ai voulu rétablir les lois saintes du grand Licurgue. Elles ne furent jamais retirées, mais on négligea pendant long-tems de les observer. Léonidas voulut s'opposer à une si généreuse entreprise; il employa l'art, ensuite la force, mais tous deux vainement. Alors vaincu, plutôt par la honte que par la force, il se condamna lui-même à l'exil, comme à une peine légère. Qu'il dise si j'ai cherché ensuite à lui nuire, ou si j'ai assuré sa vie? Quand il prit la fuite, le cri unanime de Sparte s'éleva contre ses opérations, et tout le monde approuva les miennes. Les crédits criminels furent anéantis; les richesses devinrent communes; le luxe, l'oisiveté, tous les vices sortirent de Sparte ; la vertu et la liberté y refleurirent. Auriez-vous l'audace de le nier? —Voilà les crimes de mon règne, après la fuite de Léonidas.

ANFARE.

Oserez-vous nier que, par le perfide appas de tant d'avantages, les citoyens, trompés, furent bientôt livrés aux plus grands malheurs? Les terres promises furent-elles jamais partagées? Les riches, devenus pauvres, les pauvres, riches, ne furent-ils pas tous opprimés? Nierez-vous que, l'espoir de parvenir à régner seul, ne vous a pas porté à proposer ces nouvelles lois? N'êtes-vous pas d'autant plus criminel, que vous avez couvert vos entreprises du voile le plus respectable?

AGIS.

Pendant que je prenois les armes pour vous, pendant que je triomphois des Etoliens, en leur opposant mes nouveaux Spartiates, Agésilas, simple éphore, s'étant emparé du pouvoir, a commis dans Sparte plusieurs actions injustes. Voulez-vous me rendre coupable de ses crimes ? J'en accepte la punition, pourvu que Sparte recueille quelque fruit des vertus que je voulois faire renaître, vertus, que, malgré votre fureur, vous n'osez attaquer ouvertement.—La tyrannie d'Agésilas vous a offensé plus que les lois de Licurgue. Je n'ai point eu part à cette tyrannie. Que vous reste-t-il à faire, si ce n'est de me faire périr, et de poursuivre mon entreprise ?

ANFARE.

Est-ce Agésilas qui vous a porté à troubler Sparte ?

AGIS.

Moi seul, j'ai eu l'idée de régénérer Sparte, parce que je suis Spartiate.

ANFARE.

Reconnoissez-vous Léonidas pour roi ?

AGIS.

Je connois un Léonidas qui, pour servir

Sparte, périt aux Thermophiles, avec trois cents Spartiates.

ANFARE.

Pouvez-vous répondre ainsi? Est-ce ainsi que vous respectez la majesté du sénat et des éphores?

AGIS.

J'adore la majesté de Sparte, et je la respecte en parlant ainsi.

ANFARE.

Vous vous avouez donc coupable.

AGIS.

Me regardez-vous comme coupable, vous, qui m'accusez? — Il est tems de mettre fin à ce vain simulacre de jugement. Je suis venu dans ces lieux pour montrer à mes ennemis que je suis roi et citoyen; et que, malgré mon innocence, malgré la noble fierté qui m'anime, je me soumets librement à l'abus des lois. — Maintenant, qui que vous soyiez, écoutez mes paroles dernières.

ANFARE.

Que nous reste-t-il à entendre?

AGIS.

Beaucoup de choses, mais peu de mots.

ANFARE.

Vous ne devez plus rien dire....

AGIS.

Ephores, oubliez-vous les lois, ou ne les connoissez-vous pas ? Les accusés ont le droit de parler devant Sparte, tant qu'ils le veulent. Ecoutez-moi donc, et faites silence. — Je m'adresse à tous ceux qui m'entourent. — Vous êtes dans l'erreur sur beaucoup de choses qui intéressent l'état ; la tyrannie d'Agésilas, les clameurs d'Anfare, les artifices de Léonidas, mon silence, tout a conspiré à vous tromper. Nous sommes parvenus à un tel point que, pour vous tirer de cette erreur, il est nécessaire qu'Agis périsse. Je pouvois de ma propre main, me donner une mort libre et digne de moi ; mais, en quittant la vie, je me serois rendu coupable envers vous. J'étois convaincu, et je le suis encore, que quelle que chose qui pût m'arriver, je ne me couvrirois jamais de honte, en me soumettant à ces juges. J'ai donc consenti à me laisser traîner vivant devant mes ennemis. Vous verrez que je ne crains pas la mort; les murmures violens du peuple irrité vous feront bientôt connoître que j'aurois pu vendre chèrement ma vie. Ma mort volontaire vous prouvera que je préfère Sparte à moi-même. — Je vous conjure de retirer de cette mort le bonheur de Sparte et le vôtre. — Les richesses, les terres dont la possession vous aveugle aujourd'hui, confiées à peu de mains, sont aussi nuisibles à ceux qui les ont, qu'à ceux qui en sont privés. Ces biens que vous n'aurez pas voulu partager avec vos concitoyens vous seront enlevés par vos ennemis. Ce peuple qui vous paroît vil parce qu'il est pauvre ; ce peuple qui vous abhorre parce que vous êtes riches et plus puissans que les lois, est très-nombreux ; une cruelle nécessité le presse. Devriez-vous oublier qu'il est composé, comme vous, d'enfans de Sparte et de Licurgue, qu'il peut encore contribuer à la gloire de Sparte, et vous sauver vous-mêmes, si les ennemis vous attaquoient ? En continuant à vous être opposé, il vous détruira, et s'anéantira avec vous. Croyez-moi, il est plus que jamais pressant d'opérer un grand changement. Pour l'accélérer, le sang d'Agis est nécessaire ; et Agis donne son sang. J'ai pitié de vous, et non de moi. Mes discours sont ceux d'un homme qui ne desire que la mort, et qui n'a d'autre espoir que de sauver son pays, en descendant dans la tombe. La réputation d'Agis est désormais au-dessus de toute atteinte. Je n'ai pas besoin pour être grand qu'un autre exécute mes desseins; au contraire celui qui entreprendra d'accomplir ce que j'ai tenté en vain, m'enlèvera une grande partie de ma gloire. Que ma mort soit donc le dernier transport de votre rage ; que le premier fruit de votre vengeance satisfaite, soit le retour des antiques vertus, le rétablissement des lois de Licurgue, et la noble émulation entre les Spartiates, de l'amour de la patrie, de la liberté et de la gloire.

LE PEUPLE.

Agis a une ame grande. Nous avons peutêtre été trompés....

ANFARE.

Vous l'êtes en ce moment par ses discours séditieux.

AGIS.

Ephores, je sais tout ce qui pourroit me rester à dire. —J'ai rempli le dernier devoir d'un roi citoyen. Je retourne à ma prison, d'où il ne sortira plus que le nom d'Agis.

SCÈNE IV.

LES PRÉCÉDENS, excepté AGIS.

LE PEUPLE.

Il ne parle point comme un coupable; il inspire l'admiration et la pitié.

LEONIDAS.

Il est vrai, Spartiates, Agis fut séduit par Agésilas; son crime me paroît digne de pardon. Je vous le demande moi-même pour mon gendre, pour celui qui m'a sauvé la vie.

ANFARE.

Léonidas, quand vous êtes devant le sénat et devant les éphores, vous devez parler avec eux. Votre reconnoissance particulière ne peut affoiblir la peine due à des crimes publics : le pardon ne précède jamais la condamnation.

LEONIDAS.

Je ne veux ni la prononcer ni l'entendre. Je ne veux pas concourir à la mort d'Agis, quoi-qu'il la mérite. Le plus important étoit de le tirer de son asile, de l'entendre et de le couvaincre devant les juges; je l'ai fait. Si la voix du peuple, si les prières du roi peuvent balancer la puissance du sénat et des éphores, on verra bientôt, je l'espère, un exemple mémorable de clémence.

SCÈNE V.

LES PRÉCÉDENS, excepté LÉONIDAS.

ANFARE.

Généreux ennemi, tendre père, bon citoyen, Léonidas en a rempli tous les devoirs; il nous reste à remplir les nôtres. — Agis est convaincu d'avoir attenté à la majesté du peuple. Parlez, éphores, quelle est la punition qu'il mérite ?

TOUS LES ÉPHORES.

La mort.

LE PEUPLE.

Ephores, nous vous demandons tous sa grace. Pourvu qu'il ne trouble plus l'état...

ANFARE.

Ecoutez.... Entendez-vous cet affreux tumulte qui s'approche de nous ? Déjà la populace se révolte de nouveau en sa faveur.

Tant qu'Agis vivra, Sparte ne sera jamais tranquille.

LES ÉPHORES.

Que le traître soit mis à mort!

ANFARE.

Il mourra, je vous le jure. — Citoyens, évitez cependant de vous mêler à cette vile populace ; et nous, éphores, justifions par notre courage la majesté de Sparte. — Soldats, ouvrez le passage. Allons, que notre visage ne soit ni craintif ni altier. N'ayons pas l'air de craindre le peuple, et il rentrera bientôt dans le devoir.

FIN DU QUATRIEME ACTE.

ACTE CINQUIÈME.

SCÈNE Iʳᵉ.

(La scène est dans la prison.)

AGIS.

J'ENTENDS des cris affreux qui retentissent jusqu'au fond de ma prison. — Dieux de Sparte ! sauvez-la. — Je me repens de n'avoir pas conservé un fer ; j'aurois pu, en m'ôtant la vie, mettre fin à toute révolte. Ceux que Léonidas a envoyés pour m'immoler, ne devroient pas tarder davantage. — Adieu, mon épouse, mes enfans..... mère chérie.... Adieu, je ne vous reverrai plus. — Je vous laisse au moins une mémoire qui vous sera chère. — Je crains pour ma mère ; elle est au pouvoir de Léonidas. Qu'entends-je ? Qui s'approche ? On ouvre ma prison. Que vois-je ? Mon épouse....

SCÈNE II.

AGIS, AGIZIADE.

AGIZIADE.

Je suis avec toi, cher époux... Je me suis

échappée du palais de mon père, où il me tenoit enfermée. Le peuple m'a frayé la route de ta prison; et tes gardes n'ont pas eu la cruauté de m'en interdire l'entrée. — A la fin je suis avec toi. Je veux, ou te sauver, si cela est encore possible, ou partager ton supplice.

AGIS.

Tendre épouse, tu me déchires le cœur... Oh! combien ta vue me donne de joie... et de douleur! Je pourrois, si je le voulois, me dérober à la mort, en profitant des secours du peuple; et ton amour seul me décideroit à prendre ce parti. Mais, tu le sais, je ne dois pas t'aimer plus que la patrie; et toi-même, tu ne le voudrois pas. Laisse-moi donc mourir, et supporte la vie; veille sur les tendres gages de notre amour....

AGIZIADE.

Vainement j'essaierois de les soustraire à la haine cruelle de Léonidas. Le barbare! Je le connois depuis qu'il est heureux; il m'avoit trompée dans l'adversité. Je n'ai d'autres armes que mes pleurs; ils n'ont aucun pouvoir sur lui; Sparte armée peut dérober nos enfans à sa rage. — Tu devrois avoir pour eux des sentimens de père, et conserver tes jours pour les sauver.

AGIS.

De quels coups me frappes-tu, dans ce moment affreux? J'aime mes enfans, tu le sais, mais leur mort n'est pas certaine; et il est certain, si j'employois la force, que le sang des citoyens couleroit à grands flots. Les uns et les autres sont mes enfans; mais pour un roi vertueux, les citoyens doivent être les enfans les plus précieux. — Agiziade, si tu me survis, tu sauveras mes fils beaucoup mieux que moi. Emploie, pour les protéger, cette ardeur tendre et sublime avec laquelle tu as suivi ton père dans son exil, et ce dévouement que tu m'as montré dès que j'ai été malheureux. Quel que cruel que soit Léonidas, il est ton père; lorsque tu presseras tes enfans dans tes bras, lorsque tu couvriras de ton corps ces infortunés, il n'osera te les arracher pour les faire périr. Cours, vole à leurs côtés, veille pour les défendre, et ne meurs qu'avec eux. Si tu les perds, rien ne te retiendra plus à la vie.

AGIZIADE.

Malheureuse! Que ferai-je? si je te

quitte....Mon père voudra me forcer à vivre..... Quelle vie! privée de toi.... S'il épargne mes enfans.... leur trône leur sera toujours enlevé..... Je veux mourir avec toi.

AGIS.

Ecoute, et calme-toi.—Rempliras-tu avec moins de courage les devoirs de mère, que tu n'as rempli ceux de fille? Tu ne craignois pas mon courroux, le jour que tu as suivi ton père; tu as quitté pour lui un époux et des enfans que tu chérissois : que craindras-tu de ton père, lorsque tu l'abandonneras pour tes enfans? Tu peux fuir avec eux, ta vertu te donne assez d'avantage sur lui; tu as mille moyens à employer, avant de te décider à mourir. — Chère épouse, je t'en conjure, tente-les, reprends ton courage, et n'ébranle pas le mien par tes gémissemens. Voudrois-tu que je pleurasse en recevant la mort? Non. Si tu es digne d'Agis, ne l'entraîne pas à faire quelque chose qui soit indigne de lui.

AGIZIADE.

Aimer ses enfans, les protéger, fût-il jamais un effort indigne d'un père?

AGIS.

La patrie doit avoir la préférence sur mes enfans. Depuis long-tems je lui ai consacré ma vie ; tu peux, s'il est nécessaire, consacrer la tienne à nos enfans chéris. Tu leur donneras, ainsi qu'à moi, une bien plus grande preuve d'amour, en vivant pour eux. Tes pleurs ont encore plus de pouvoir que tu ne le penses ; si Léonidas te refuse de la piété, tu en inspireras au peuple ; et sans répandre de sang, il te sera facile de sauver tes fils. Enfin, pense que si tu me survis, Agis ne mourra pas tout entier. J'admirerois dans une épouse vulgaire, cette preuve d'amour et de courage de ne pas survivre à son époux ; mais j'espère de toi, et j'attends de la femme d'Agis, qu'elle supportera, pour ses enfans, une existence malheureuse.... Je te le demande en pleurant.... Souviens-toi de ces pleurs. — Sur toi et sur tes enfans, tu as vu pleurer Agis pour la première fois.

AGIZIADE.

Ta mort est donc irrévocable....

AGIS.

Mon innocence est certaine, — Reçois mon

ACTE V, SCÈNE II.

dernier embrassement ; rends-le aux tendres gages de notre amour. Dis-leur que je meurs pour la patrie ; dis-leur que s'ils parviennent jamais au trône, il ne doivent tirer aucune autre vengeance du trépas de leur père, que de renouveler les lois du grand Licurgue ; ou que si, comme moi, ils sont trahis par le destin, ils doivent, comme moi, mourir avec courage.

AGIZIADE.

Je ne puis parler... Moi, t'abandonner !...

AGIS.

Tu trouveras un asile auprès de ma vertueuse mère, si on la laisse vivre.... Laisse-moi. Tu es épouse, reine, mère, et sur-tout Spartiate. Il faut en remplir tous les devoirs.

AGIZIADE.

Je te quitte pour toujours. O ciel !

AGIS.

Laisse-moi seul.

AGIZIADE.

Mes pieds se dérobent sous moi.

AGIS.

A peine seras-tu sortie, que tu trouveras des secours.

AGIZIADE.

Hélas ! on ouvre la porte de fer.

AGIS.

Gardes, je vous confie la fille de votre roi.

AGIZIADE.

Je ne puis le quitter.... Cruels, vous m'entraînez. Agis, adieu !

SCÈNE III.

AGIS (seul.)

Malheureux ! combien dois-je souffrir de morts avant de mourir ? Existe-t-il des douleurs plus amères que celles d'un père et d'un époux ? — O Sparte ! combien tu me coûtes. — Cependant Léonidas est père, et mon cœur conçoit l'heureux présage qu'il rendra mes enfans à sa fille ; mettons fin à mes plaintes. — Je suis prêt à mourir, et à mourir comme un roi sans reproche, et comme un Spartiate. — Que la mort vient lentement ! Mais j'entends encore fermer la porte de ma prison... Les cris du peuple redoublent.... Qu'arrivera-t-il ? Que vois-je ?

SCÈNE IV.

AGIS, AGÉSISTRATE.

AGIS.

Ma mère ! ô ciel !

AGÉSISTRATE.

Mon fils, ta mère ne pouvoit t'abandonner au dernier moment. Je t'apporte la liberté, et une liberté digne de nous. — J'aurois voulu te la donner d'une autre manière; mais quand je le pouvois, tu m'en as toi-même enlevé tous les moyens.

AGIS.

Eh quoi ! voulez-vous profiter des clameurs de Sparte ?...

AGÉSISTRATE.

Sparte se révolte en vain. Le tyran a fait garder cette prison avec tant de soin, que nos amis ne peuvent rien pour toi. Ils ont voulu forcer le passage; mais ils ont été repoussés. Je me précipitois au milieu des soldats; plusieurs voix s'élevoient autour de moi, et fesoient retentir ces cris : « Perfides ! empêche-» rez-vous une mère de voir son fils ? » Anfare a paru; il m'a fait faire place, et je suis arrivée jusqu'ici.

AGIS.

Le traître! il a voulu que vous fussiez aussi dans les fers. Pourquoi vous être exposée à ce danger inutile pour moi?...

AGESISTRATE.

Un danger! Que dis-tu? En venant près de mon fils, j'ai marché à une mort certaine. Ce que je t'apporte te le prouvera.

AGIS.

Un fer! — O vertueuse mère! Je n'avois d'autre desir que d'avoir un poignard pour rendre la tranquillité à Sparte, et pour dérober ma tête à un vil bourreau. — Vous me le donnez, je suis heureux.

AGESISTRATE.

Choisis l'un de ces deux poignards; celui que tu ne prendras pas sera pour moi.

AGIS.

O ciel! et vous voulez...

AGESISTRATE.

Me crois-tu mère d'Agis, ou une femme vulgaire? Il me restoit peu d'années à vivre,

Sparte, que tu as voulu rendre libre, est esclave; ta mère, si elle te survit, sera esclave de Léonidas. Parle; oseras-tu me conseiller de vivre à ce prix?

AGIS.

Que puis-je dire? je suis fils.— O ma mère ! souffrez que je périsse le premier : Sparte, quoique asservie, n'est pas encore éteinte; un autre peut donc la sauver. Peut-être mon sang contribuera-t-il à lui rendre la liberté. Si, par lâcheté, j'avois voulu épargner mon sang, et j'avois consenti à ce qu'on fît couler pour moi celui des citoyens, déjà Sparte auroit cessé d'exister.

AGÉSISTRATE.

Il n'est que trop vrai que Sparte périt avec toi; et tu veux qu'une Spartiate et une mère survive à sa patrie et à son fils? Mon fils, embrasse-moi...

AGIS.

Ma mère.... vous me surpassez en courage.... Donnez-moi et recevez le dernier embrassement. Je n'ose pleurer en vous serrant dans mes bras; je vois que vous retenez vos larmes, et vous me donnez l'exemple de la fermeté.

AGIS, TRAGÉDIE.

AGESISTRATE.

Mon Agis.... tu es digne de Sparte..... et je suis digne de toi..... Que je t'embrasse encore!... Quel bruit ?

SCÈNE V.

LES PRÉCÉDENS, LÉONIDAS, ANFARE, SOLDATS.

LEONIDAS.

A la fin nous sommes vainqueurs.

AGESISTRATE.

Qu'est-il arrivé ?

AGIS.

Ne me quittez pas.

ANFARE.

Soldats, qu'Agis soit immolé avant sa mère.

AGIS (à Agésistrate.)

Cachez votre poignard comme je cache le mien. — Attendons-les en silence.

(Les soldats s'arrêtent.)

ANFARE.

Qui vous arrête ? Pourquoi tardez-vous ? Séparez-les de force.

ACTE V, SCÈNE V.

AGIS.

Quel est celui qui osera porter la main sur nous ? Vous le voyez, Léonidas. Les soldats qui vous sont vendus, tremblent devant Agis. — Mais je veux vous tirer d'inquiétude. Je ne vous demande qu'une chose.

LÉONIDAS.

Quelle est-elle ?

AGIS.

Que vous preniez soin de votre fille, et que vous l'empêchiez de me suivre.

LÉONIDAS.

Vous aime-t-elle à ce point ?

AGIS.

Elle m'aime plus que vous ne me haïssez. — Elle vous aime aussi, elle vous l'a prouvé. Enfin vous êtes père : voilà mes derniers mots. — (Il se frappe.) Je meurs. Puisse ma mort être utile à Sparte !

ANFARE.

Il avoit un poignard.

AGESISTRATE.

Je lui en avois apporté deux. (Elle se frappe.)

Mon fils.... je te suis.... je tombe morte sur ton corps....

LEONIDAS.

Je suis accablé de terreur et d'admiration. — Que dira Sparte ?

ANFARE.

Il ne faut pas abandonner leurs corps au peuple....

LEONIDAS.

Pourrons-nous empêcher qu'ils ne soient toujours présens à nos regards ?

FIN DU CINQUIÈME ET DERNIER ACTE.

EXAMEN D'AGIS.

Des lois qui fondoient l'égalité absolue, qui abolissoient toute propriété, qui, non-seulement établissoient la communauté des biens, mais celle des femmes et des enfans, qui dévouoient à la mort tout enfant né avec quelque difformité, dont le joug cruel s'appesantissoit sur la moitié de la population de la Laconie, désignée sous le nom abject d'Ilotes et rabaissée à l'état des bêtes de somme; des lois dont le seul but étoit d'exciter parmi les Spartiates, un enthousiasme farouche et impitoyable, qui privoient l'homme de toutes les jouissances de la vie privée, et qui, le condamnant à une orgueilleuse oisiveté, l'empêchoient de se livrer aux arts utiles, et aux travaux de l'imagination; de telles lois, contraires aux institutions sociales de tous les autres peuples, fournirent aux historiens de l'antiquité quelques descriptions romanesques, devenues piquantes, par le goût que les hommes ont toujours pour les choses extraordinaires.

La même cause fit réussir, sur la scène française, quelques années avant la révolution, une tragédie d'Agis, où les lois de Licurgue étoient représentées comme le perfectionnement de l'ordre social. Ce qui paroîtra plus singulier, c'est que cette pièce eut plus de succès à la cour qu'à la ville; tant il est vrai que les hommes les plus amollis aiment à être remués par des idées fortes, qu'ils ne se donnent pas la peine d'approfondir.

On cherchoit alors des idées nouvelles, et rien en effet n'étoit plus nouveau que les images de la démocratie populaire, sous le règne d'une monarchie paisible. Ces idées étoient encore plus nouvelles à la cour que dans le peuple; il n'est pas étonnant qu'elles y aient eu plus de succès. Ainsi la révolution s'accréditoit dans les esprits par l'attrait de la nouveauté. Ceux qui proclamoient de pareilles maximes ne firent peut-être que sacrifier alors à la mode; mais voyant qu'on les prenoit au mot, ils se mirent en tête de réaliser dans l'ordre politique, des systêmes auxquels ils n'avoient d'abord songé que pour l'effet dramatique; on remarque en effet, que les hommes qui avoient parlé à la cour et sur la scène, de l'égalité absolue et de la loi agraire, se hâtèrent de prendre les premiers rôles dans la sanglante tragédie dont la France fut le théâtre.

La pièce d'Alfieri présente des idées moins exagérées que celle du citoyen Laignelot. Agis a de l'élévation dans l'ame, son patriotisme n'est point farouche, son cœur n'est point fermé aux sentimens de la nature; il est bon fils, bon père, bon époux, on plaint son erreur, et l'on s'intéresse à lui.

Ce qui prouve que ces vertus factices, ces égaremens politiques, qui font le sujet de cette tragédie, ne sont pas aujourd'hui des ressorts bien puissans pour émouvoir, c'est qu'Agiziade, femme d'Agis, portant jusqu'à l'héroïsme, les sentimens d'épouse et de fille, toujours prête à se déclarer pour le parti malheureux, est le personnage sur lequel l'ame aime se reposer, et qu'il répand sur cette pièce un charme qu'on ne trouve point dans les autres rôles.

SAÜL,

TRAGÉDIE EN CINQ ACTES.

PERSONNAGES.

SAÜL.
DAVID.
MICHOL.
JONATHAS.
ABNER.
ACHIMELECK.

(La scène est dans le camp de Saül.)

SAÜL,

TRAGÉDIE EN CINQ ACTES.

ACTE PREMIER.

SCÈNE Ire.

DAVID (seul.)

Dieu tout puissant! veux-tu enfin que je termine la course vagabonde à laquelle tu m'as entraîné? Je resterai ici. Je reconnois les monts de Gelboé, le camp des Israélites opposé à celui des Philistins impies. Ah! puissé-je aujourd'hui périr sous le fer des ennemis! Mais c'est de Saül que je dois attendre la mort. Cruel et ingrat Saül! pourquoi poursuis-tu de caverne en caverne, et sans lui laisser de repos, celui qui a combattu pour toi? David cependant étoit autrefois ton unique soutien; tu lui avois donné toute ta confiance; tu l'avois élevé au faîte des honneurs; tu l'avois choisi pour l'époux de ta fille.... Tu lui avois demandé, pour obtenir ce don précieux, cent têtes de Philistins, et il en avoit mis le double à tes pieds.... Mais je le vois bien, Saül n'est plus à lui-même depuis long-tems, Dieu l'a abandonné à l'esprit des ténèbres...... Malheureux que nous sommes, si Dieu nous retire sa protection! — O nuit! hâte-toi de faire place au jour; tu seras témoin d'une grande entreprise. Gelboé, tu seras fameux dans les siècles futurs, ils diront : David s'est livré lui-même au féroce Saül.... Sors, Israël, de tes tentes tranquilles...... Et toi, Saül, montre-toi, tu verras aujourd'hui si j'ai oublié l'art de la guerre. Sors de ton camp, Philistin impie, sors, et tu reconnoîtras mon courage et mon épée.

SCÈNE II.

DAVID, JONATHAS.

JONATHAS.

Quel bruit a frappé mon oreille? J'entends une voix bien connue de mon cœur.

DAVID.

Qui s'approche?.. Pourquoi le soleil n'est-il pas levé ? Je ne voudrois point paroître ici comme un fugitif.

JONATHAS.

Qui es-tu ? que fais-tu près de la tente du roi ? Parle.

DAVID.

(A part.) C'est Jonathas. (Haut.) Je suis un enfant de la guerre. Vive Israël. Le Philistin me connoît.

JONATHAS.

Qu'entends-je ? Ah ! David peut seul me répondre ainsi.

DAVID.

Jonathas....

JONATHAS.

David ! mon frère....

DAVID.

O bonheur ! je suis dans tes bras.

JONATHAS.

Est-il vrai ? Toi, dans Gelboé ! Ne crains-tu pas mon père ? Je tremble pour toi.

DAVID.

Que veux-tu ? J'ai mille fois vu de près et affronté la mort au milieu des batailles ; j'ai fui la colère injuste de ton père; mais, pour un soldat, la crainte et la fuite sont plus affreuses que la mort. Maintenant je ne veux plus ni fuir ni craindre. Le roi et son peuple sont dans le plus grand danger, et David chercheroit sa sûreté au milieu des forêts? Je prendrois soin de ma vie pendant que le fer des ennemis est levé sur vos têtes? Je viens mourir, mais je veux mourir dans les camps, au milieu des armes en servant la patrie, et pour Saül lui-même qui m'a proscrit.

JONATHAS.

O vertu digne de David! Tu es certainement l'élu de Dieu; c'est lui qui t'inspire ces sentimens généreux; un de ses anges veille sur toi et t'accompagne. — Et cependant comment te présenter au roi? Il te croit ou il feint de te croire parmi les bataillons ennemis; il te fait passer pour un traître et un rebelle....

DAVID.

Il n'est que trop vrai qu'il a voulu me forcer à chercher un asile parmi les Philistins. Qu'il me connoissoit mal! Si les Philistins ont pris les armes contre lui, je ne quitterai point les miennes avant que ces traîtres ne soient exterminés. Que Saül me donne ensuite la récompense qu'il me destine : sa haine et la mort.

JONATHAS.

Malheureux père! Il est trompé ; le lâche et vil Abner, son perfide ami, l'obsède sans cesse. L'esprit de ténèbres qui s'est emparé de Saül, lui laisse au moins quelques instants de repos ; mais les artifices d'Abner l'entourent continuellement. C'est lui seul que le roi écoute, c'est lui seul qu'il aime ; flatteur adroit, il lui peint comme dangereuses et incertaines les vertus qu'il n'a pas. En vain ton épouse et moi, auprès de notre père...

DAVID.

Mon épouse ! ô doux nom ! Où est ma fidelle Michol ? M'aime-t-elle encore malgré la haine de son père ?

JONATHAS.

Si elle t'aime ? Elle est dans le camp.

DAVID.

Je la verrai ! O bonheur ! Mais comment est-elle dans le camp ?

JONATHAS.

Mon père a eu pitié d'elle; il n'a pas voulu

la laisser seule dans le palais, livrée à la douleur; quoiqu'elle soit toujours triste, elle lui donne aussi quelques consolations. Ah! David, depuis que tu es loin de nous, notre maison est la maison des larmes.

DAVID.

Epouse chérie! ton doux aspect m'ôtera le souvenir de mes douleurs passées, et le pressentiment de celles qui m'attendent.

JONATHAS.

Ah! si tu l'avois vue! — A peine lui fus-tu enlevé, qu'elle se dépouilla de tout ornement; la cendre couvrit ses cheveux en désordre; la pâleur se répandit sur ses joues baignées de larmes; une douleur profonde et muette s'étoit emparée de son cœur déchiré. Le jour de ton départ, elle se jeta mille fois aux pieds de notre père; au milieu des sanglots, elle lui disoit: « Rendez-moi David, » c'est vous qui me l'avez donné. » Elle déchiroit ses vêtemens, elle arrosoit de pleurs la main de mon père, qui pleuroit avec elle. — Eh! qui pouvoit retenir ses larmes? — Abner seul, il ordonne que, mourante, elle soit enlevée des pieds de Saül.

ACTE I, SCÈNE II.

DAVID.

O douleur ! Que me dis-tu ?

JONATHAS.

Plût au ciel que cet affreux récit ne fût pas vrai ! — La paix, la gloire, la valeur de ce peuple ont disparu avec toi. Les cœurs des Israélites sont ensevelis dans un sommeil de mort ; les Philistins qui, à l'aspect de tes drapeaux, nous sembloient des enfans timides, sont pour nous des géans redoutables depuis que tu n'es plus notre chef. Enfermés dans ce vallon, nous oubliant nous-mêmes, nous souffrons leurs menaces, leurs insultes et leur mépris. En perdant David, Israël a perdu son glaive et son courage. Moi qui autrefois méritai quelque gloire en marchant sur tes traces, je sens que mon bras peut à peine soutenir le poids de mon épée. Depuis que tu es éloigné de moi, que je te sais exposé à tous les périls, condamné à une vie malheureuse, il me semble que je ne combats plus ni pour mon roi, ni pour mon père, ni pour ma famille. Tu m'es plus cher que mon roi, mon père et ma famille.

DAVID.

Tu m'aimes plus que je ne le mérite : tu es aimé de Dieu....

JONATHAS.

Ce Dieu juste qui récompense tôt ou tard la véritable vertu, t'inspire et te guide. Dans Rama, tu fus reçu par Samuël mourant; de grands évènemens te furent prédits par le souverain pontife qui avoit donné le sceptre à mon père; tu es pour moi un objet aussi cher que sacré. Je ne crains pour toi que les pièges d'une cour impie; je ne crains point les dangers de la guerre. La trahison habite autour des tentes royales; la mort y est, et souvent Saül, trompé par Abner, l'envoie aux innocens. David, je t'en conjure, cache-toi, jusqu'à ce que la trompette guerrière fasse retentir la montagne. Aujourd'hui, je le crois, nous serons forcés de livrer bataille.

DAVID.

Dois-je cacher une action héroïque comme une vile trahison? Saül me verra avant les Philistins. Je porte avec moi de quoi confondre mes ennemis, et de quoi toucher le cœur le plus insensible. Je veux donc affronter la fureur du roi, avant de m'exposer à celle des Philistins. — O roi! que diras-tu, si, comme un serviteur, j'abaisse devant toi mon front humilié? Que diras-tu, si l'époux de ta fille te demande pardon des crimes qu'il n'a pas commis? Que diras-tu enfin, si ton défenseur, ton compagnon fidèle, se présente à toi comme une victime? — Il est vrai que le prophète sacré me reçut dans Rama, au moment de sa mort, qu'il me parla comme un père, et qu'il expira dans mes bras. Autrefois il aimoit Saül comme son propre fils; quelle récompense en a-t-il obtenu? Samuël, en mourant, me prescrivit une foi inviolable et un amour à toute épreuve pour mon roi, comme il m'ordonna d'avoir une obéissance aveugle pour les ordres du seigneur. Ses derniers mots sont gravés dans mon cœur, et je ne les oublierai jamais. « Malheureux Saül, » disoit-il, si tu ne rentres pas en toi-même, » ma colère accablera ta tête coupable. » — Je voudrois au moins, mon cher Jonathas, te dérober au courroux céleste; j'espère que j'y parviendrai, et que je pourrai même sauver Saül, s'il revient de ses erreurs. — Malheur à nous, si Dieu déchaîne la foudre suspendue sur nos têtes! Tu sais que souvent, dans son indignation, il a confondu l'innocent avec le coupable : sa foudre rapide, en frappant la terre, détruit en même-tems les fleurs et les plantes vénéneuses.

JONATHAS.

David obtiendra de Dieu la grace de Saül. Je t'ai vu souvent dans mes songes, et ton aspect m'imprimoit tant de vénération, que je me prosternois à tes pieds. — Je ne te dis rien de plus, et tu ne dois plus rien me dire. Tant que je vivrai, je te jure que le glaive de Saül ne percera pas ton sein. Mais je crains les pièges que l'on peut te tendre.... Comment pourrai-je les détourner? — Ici, au milieu des festins, au sein des plaisirs, au son des concerts harmonieux, on boit quelquefois la mort dans des coupes perfides. Qui pourra t'en garantir?

DAVID.

Le Dieu d'Israël, s'il veut que j'échappe à la mort Mais, dis-moi, ne puis-je voir mon épouse avant ton père? Je ne puis entrer dans cette tente qu'au lever du soleil.

JONATHAS.

Crois-tu qu'elle attende le jour sur son lit solitaire? Souvent elle vient pleurer avec moi avant l'aurore ; tous deux nous adressons nos vœux au ciel, pour la guérison de notre père. — Je vois près d'ici des vêtemens blancs, c'est elle peut-être ; éloigne-toi un peu, et écoute-la. Si c'étoit une autre qu'elle, je t'en conjure, ne te montre pas.

DAVID.

Je te le promets.

SCÈNE III.

MICHOL, JONATHAS.

MICHOL.

Nuit éternelle et abhorrée, ne te dissiperas-tu pas ? Mais le retour du soleil m'apportera-t-il quelque consolation ? — Malheureuse que je suis, je me vois plongée pour toujours dans les ténèbres de la douleur. O mon frère ! tu es sorti avant moi. — Et cependant le chagrin qui me consume sans cesse, est plus violent que le tien. Comment puis-je me reposer sur le duvet, lorsque mon époux, mon seul bien, fugitif, banni, est couché sur la terre, ou dans les cavernes des animaux féroces dont il peut être la proie ? Roi inhumain, père dénaturé, tu enlèves à ta fille son époux, et tu as la cruauté de la laisser vivre. Ecoute-moi, mon frère, je ne peux plus rester ici ; si tu m'accompagnes, tu feras ton devoir ; si tu refuses de me suivre, je me précipite seule sur sur les traces de mon époux; je veux trouver David ou la mort.

JONATHAS.

Diffère quelque tems ; calme ta douleur; David viendra peut-être dans Gelboé.

MICHOL.

Que dis-tu ? David paroître dans un lieu où est Saül !

JONATHAS.

Le cœur de David sera toujours dans un lieu où sont Jonathas et Michol. Crois-tu que la crainte ait plus d'empire sur lui que l'amour? Serois-tu étonnée s'il avoit la hardiesse de venir près de nous?

MICHOL.

O ciel ! je tremblerois pour lui.... Mais sa seule vue....

JONATHAS.

Et s'il n'avoit rien à craindre, si son audace étoit justifiée par la raison.... Saül, moins terrible dans le malheur, que lorsque la fortune lui sourit, se défie aujourd'hui de ses forces, tu le sais. Crois-tu qu'il doute que le bras invincible de David ne se fasse jour au milieu des bataillons ennemis ? Mais par orgueil, il nous cache son inquiétude. Chacun de nous lit sur son visage qu'il n'a aucun espoir de vaincre. Peut-être verroit-il, sans courroux, David se présenter à lui.

MICHOL.

S'il étoit vrai.... Mais David est loin de nous. — Où est-il ? en quel état ?...

JONATHAS.

Il est plus près que tu ne crois.

MICHOL.

Ciel ! quel espoir !

SCÈNE IV.

LES PRÉCÉDENS, DAVID.

DAVID.

Ton époux est avec toi.

MICHOL.

Quel son de voix ! O bonheur ! Je ne puis parler.... Est-il vrai que je suis dans tes bras ?

DAVID.

O mon épouse ! Cruelle absence ! O mort ! si tu dois me frapper aujourd'hui, je mourrai au moins près des objets que j'aime. Il vaut mieux mourir que de traîner une vie errante dans des solitudes où l'on ne peut inspirer ni éprouver le sentiment de l'amitié. Je t'attends, Saül, toi qui as soif de mon sang, frappe; mes yeux seront fermés par une épouse chérie, mon corps sera recueilli par elle, et mon tombeau sera arrosé de pleurs véritables.

MICHOL

David, toi, l'objet et le but de toutes mes espérances, ton retour a chassé toutes mes peines. Ce n'est pas en vain que Dieu qui t'a déjà garanti de tant de périls, te ramène aujourd'hui dans ces lieux. Combien ta présence me donne de force ! Je tremblois pour toi, quand tu étois absent ; à présent je suis presque tranquille.... Mais que vois-je ? sous quels lambeaux affreux se montre à moi l'aube naissante ? O David ! tu t'es dépouillé de tout ton éclat. La pourpre tissue par mes mains ne te couvre plus. Sous ces humbles vêtemens, qui reconnoîtroit le gendre d'un roi ? A tes armes, on te prendroit pour un guerrier vulgaire.

DAVID

Nous sommes dans un camp et non dans

la mollesse d'un palais. Ici, un manteau grossier et une épée sont la pompe qui me convient. Aujourd'hui je trouverai dans le sang des Philistins une pourpre plus éclatante et plus glorieuse. Espère, ainsi que moi, dans le grand Dieu d'Israël me dérobera à tous les dangers si je ne mérite pas la mort.

JONATHAS.

La nuit a fait place au jour : ne restons point ici davantage. David, quoique ton retour puisse paroître favorable à mon père, il faut agir avec prudence. — Tous les matins nous avons coutume de venir ici avec lui ; nous examinerons s'il est moins tourmenté par la noire mélancolie qui le consume ; peu-à-peu nous le disposerons à te voir ; et si le moment est favorable, nous te présenterons à lui, avant que personne ait pu l'instruire de ton retour. Evite de te faire connoître ; si tu étois trahi, Abner pourroit te faire assassiner. Baisse la visière de ton casque ; mêle-toi parmi les guerriers qui sortent des tentes ; et, sans qu'on te voie, attends que je vienne auprès de toi, ou que je te fasse appeler.

MICHOL.

Comment David pourroit-il se cacher

parmi les guerriers ? Quels yeux brillent comme les siens dans un jour de combat ? quelle épée est semblable à celle qu'il porte ? quel guerrier peut lui être comparé ? Cache-toi mieux, cher époux, jusqu'au moment où je reviendrai. Malheureuse ! à peine t'ai-je trouvé, qu'il faut que je te quitte ; mais c'est pour peu d'instans, et après, je ne te quitterai, non je ne te quitterai jamais. Maintenant je veux te voir en sûreté. Regarde, ne vois-tu pas, dans le fond de cette forêt épaisse, une grotte vaste et sombre ? C'est là que souvent, separée du monde entier, j'ai pensé à toi, je t'ai appelé, j'ai soupiré après ton retour, j'ai baigné de larmes amères les pierres insensibles. Cache-toi dans cette grotte, jusqu'à ce qu'il soit tems de te montrer.

DAVID.

Je veux t'obéir en tout, Michol. Soyez rassurés tous les deux ; j'agirai avec prudence ; je ne donnerai rien au hasard. Je vous aime, je me conserve pour vous, et je ne me confie qu'à la protection du Seigneur.

FIN DU SECOND ACTE.

ACTE SECOND.

SCÈNE Ire.

SAÜL, ABNER.

SAÜL.

Que cette matinée est belle ! Aujourd'hui le soleil à son lever, n'est pas couvert d'un voile sanglant. Me promet-il un jour heureux ? — O tems fortunés de ma jeunesse ! où êtes-vous ? Jamais Saül ne sortoit de sa tente pour aller au combat, qu'il ne fût sûr d'y rentrer vainqueur.

ABNER.

O roi ! pourquoi vous défiez-vous de votre courage ? N'avez-vous pas abattu l'orgueil des Philistins ? Croyez-moi, plus ce combat est retardé, plus il vous donnera de gloire.

SAÜL.

Abner, en examinant le cours des choses humaines, on voit trop quelle est la différence de la brûlante jeunesse, et de cet âge débile où l'homme se traîne au tombeau.

Lorsque, d'une main ferme, je tenois les rênes de l'état qu'aujourd'hui je laisse flotter, je ne doutois jamais de la victoire. — Je n'ai pas seulement perdu ma jeunesse..... Plût au ciel que j'eusse encore l'appui du Seigneur... ou du moins l'appui du courageux David.

ABNER.

Méprisez-vous le nôtre ? N'est-il pas possible de vaincre sans David ? Ah ! si je le croyois, je ne voudrois tirer mon épée que pour me percer le sein. David est la première et l'unique cause de tous vos malheurs...

SAÜL.

Non, non, mes malheurs viennent d'une source plus terrible.... Eh quoi ! voudrois-tu me cacher l'horreur de mon état ? Ah ! si je n'étois pas, comme je le suis, le père de deux enfans que je chéris, desirerois-je de vivre, de régner et de vaincre ? — J'aurois depuis long-tems trouvé la mort, en me précipitant au milieu des ennemis ; j'aurois secoué le fardeau d'une vie qui m'importune. Combien d'années se sont écoulées depuis que le sourire a brillé sur mes lèvres ? Mes enfans qui me sont si chers, excitent mon

ACTE II, SCÈNE I.

courroux, lorsqu'ils veulent me caresser... Cruel, impatient, consumé d'ennui, toujours irrité, je suis à charge à moi-même et à tous ceux qui m'entourent. Dans la guerre, je desire la paix; dans la paix, je brûle de combattre; lorsqu'on me présente une coupe, je crois qu'elle renferme du poison; dans tous ceux qui m'aiment, je crois voir des ennemis; couché sur le duvet d'Assyrie, je me crois entouré de serpens; le sommeil est pour moi une douloureuse agonie; des songes affreux me glacent de terreur. Enfin, qui le croiroit? je tremble au son de la trompette guerrière. Vois, Abner, si la maison de Saül n'est pas veuve de son antique splendeur; vois si Dieu ne m'a pas abandonné. Toi-même, tu le sais, toi mon ami, mon parent, le soutien de mon armée, je te regarde quelquefois comme un vil courtisan, un ennemi, un traître...

ABNER.

Maintenant, Saül, que votre esprit n'est pas troublé, jetez un regard sur tout ce qui s'est passé pendant votre règne. Ne savez-vous pas que tous vos tourmens viennent de ces faux prophètes de Rama? Qui a osé vous dire le premier que le Seigneur s'étoit séparé de vous ? l'audacieux, l'adroit Samuël, ce pontife dévoré d'ambition. La foule qui l'entouroit n'a-t-elle pas répété ses malédictions? D'un œil avide, il voyoit briller, sur votre tête, le diadême qu'il croyoit lui appartenir. Autrefois, il avoit été prêt à en couvrir ses cheveux blancs, mais le murmure unanime d'Israël confondit ses vœux, et annonça qu'on vouloit un roi guerrier. Voilà le seul crime que vous ayiez commis envers Samuël. Il a cessé de vous appeler l'élu de Dieu, depuis que vous avez cessé de lui être soumis. Ses paroles menaçantes vous ont ému ; David, appuyé de ses prophéties, a ensuite porté le trouble dans votre ame. Il est invincible dans les combats, j'en conviens, mais il fut toujours dévoué à Samuël ; prenant la cause de l'autel, il est guerrier par ses actions, et, dans le fond du cœur, il est prêtre. — Connoissez la vérité, qu'elle soit dépouillée de tout ce qui peut la dérober à vos yeux. Je suis de votre sang ; votre gloire est inséparable de la mienne ; mais David ne peut s'élever, sans précipiter Saül du trône.

SAÜL.

David.... je le hais. Mais cependant je lui

ai donné ma fille pour épouse.... Ah ! tu ne connois pas tous mes tourmens. — Cette voix terrible, cette même voix, qui, jeune encore, lorsque j'étois obscur, lorsque je n'avois aucun desir de parvenir au trône, m'appeloit sans cesse pendant la longueur des nuits ; cette voix funeste trouble à présent mon sommeil, et semblable à l'onde mugissante agitée par la tempête, me crie : «Saül, » sors du trône, sors du trône». Le saint et vénérable prophète que je vis autrefois en songe, avant qu'il m'eût annoncé que Dieu me nommoit roi d'Israël ; ce même Samuël, je le revois pendant la nuit, mais avec un aspect horrible. Je suis dans une profonde et noire vallée ; Samuël est assis sur une montagne radieuse ; David est à ses pieds ; le saint vieillard répand sur sa tête l'huile sacrée ; de son autre main, qui vient jusqu'à moi, il m'arrache la couronne et il veut en ceindre le front de David. Mais, le croirois-tu ? le pieux David se prosterne et refuse de la recevoir. Il pleure, et il supplie le vieillard de la replacer sur ma tête. — Que vois-je ? ô mon fils ! tu m'es donc encore soumis, tu es encore mon gendre, mon ami ! — O rage ! m'enlever ma couronne ! Tremble, criminel vieillard qui oses le tenter..... Qui es-tu ? Périsse celui qui a eu cette pensée... Ah ! malheureux, où suis-je ?

ABNER.

Que David seul périsse ! vos songes, vos terreurs, vos tourmens disparoîtront avec eux.

SCÈNE III.

LES PRÉCÉDENS, JONATHAS, MICHOL.

JONATHAS.

Que la paix soit avec mon roi !

MICHOL.

Que Dieu soit avec mon père !

SAÜL.

Le désespoir est toujours avec moi. — Aujourd'hui, je suis sorti de ma tente plutôt qu'à l'ordinaire, et avec un peu d'espérance... mais cette espérance s'est évanouie comme les nuages du désert. — Que sert, ô mon fils ! de retarder le combat ; la crainte d'une défaite est plus douloureuse que la défaite même ; soyons vaincus pour la première fois : je veux que l'on combatte aujourd'hui.

ACTE II, SCÈNE II.

JONATHAS.

Aujourd'hui nous vaincrons. Recouvrez l'espoir, mon père; jamais vous n'avez eu plus de raisons d'espérer.—Reprenez un front serein; je suis sûr de la victoire; que le champ de bataille soit couvert d'ennemis morts, et que les vautours y trouvent leur horrible nourriture...

MICHOL.

Mon père, nous retournerons bientôt dans un asile plus tranquille; nous reverrons bientôt votre palais. Assis au milieu des palmes de la victoire, vous serez heureux alors; voudrez-vous faire partager votre bonheur à votre fille, en lui rendant son époux?...

SAÜL.

Quoi, Michol! tu ne cesses jamais de pleurer! Sont-ce là les doux objets qui doivent calmer le cœur de ton père, fatigué de souffrance? Est-ce ainsi que tu soulages mes tourmens? Retire-toi, fille de la douleur, éloigne-toi.

MICHOL.

Malheureuse! ne voulez-vous pas que je pleure, mon père? Quel autre que vous m'a plongée dans les larmes?

JONATHAS.

Arrête, Michol, veux-tu affliger notre père? — Saül, soyez heureux. L'air des combats et de la victoire souffle dans le camp; avec l'aube naissante, le génie de la guerre s'est répandu sur Israël. — Bientôt vous aurez la certitude de vaincre.

SAÜL.

Voudrois-tu m'enivrer d'une fausse joie? De quelle victoire me parles-tu? Pleurez tous. Aujourd'hui, le chêne antique qui étendoit dans les airs ses rameaux altiers, lèvera ses racines brisées. Ce jour sera un jour de sang, de mort et de larmes. Déchirez vos vêtemens; couvrez vos têtes de cendres; oui, ce jour fatal est le dernier qui luit pour nous.

ABNER.

Je vous l'ai dit plusieurs fois, votre aspect redouble ses affreuses souffrances.

MICHOL.

Eh quoi! abandonnerions-nous un père que nous chérissons?

JONATHAS.

Prétends-tu être le seul qui approche de mon père?

ACTE II, SCÈNE II.

SAÜL.

Que vois-je ? l'indignation est sur le front de mes enfans. Qui les a outragés ? Abner, c'est toi peut-être. Ils sont mon sang, ne le sais-tu pas ? Souviens-toi...

JONATHAS.

Ah! oui, nous sommes votre sang, et nous sommes prêts à sacrifier notre vie pour vous.

MICHOL.

O mon père ! croyez-vous que je consulte mes affections particulières, quand je vous demande mon époux ? Je vous demande l'espoir d'Israël, la terreur des Philistins, votre plus vaillant guerrier. Dans les momens où vous étiez livré à votre mélancolie, où vous étiez plongé dans de sombres idées, le chant céleste de David ne vous donnoit-il pas quelque consolation ? Répondez, n'étoit-il pas comme un rayon brillant au milieu des ténèbres ?

JONATHAS.

Et moi, si je sais me servir d'une épée, n'est-ce pas à David que je le dois ? Si j'ai fait quelques grandes actions, n'est-ce pas en marchant sur les nobles traces du premier des guerriers ? Parleroit-on encore de guerre, si David étoit ici ? La guerre ne seroit-elle pas finie ?

SAÜL.

O jours de ma jeunesse ! ô jours heureux de mes triomphes ! — Tous mes anciens trophées se présentent à moi... Je reviens du camp ; je suis couvert d'une noble poussière ; une sueur, mêlée de sang, coule sur mon corps ; je marche au milieu des Philistins abattus. Louange au Seigneur ! — Moi, je loue le Seigneur ! Que dis-je ? Dieu a fermé son oreille à ma voix. Où est mon ancienne gloire ? Je ne vois plus le sang de mes ennemis vaincus....

JONATHAS.

Toutes vos ressources sont en David....

MICHOL.

Mais David n'est pas avec vous. Vous l'avez chassé de votre présence, vous l'avez exilé ; vous avez voulu le faire mourir.... David votre fils, prompt à vous obéir... vous aime plus que vos enfans mêmes.... Ah ! mon père.

SAÜL.

Je sens mes yeux baignés de larmes ! Qui

ACTE II, SCÈNE III.

me force à en verser? Laissez-moi, mes yeux ne sont plus habitués à en répandre.

ABNER.

Il faut, seigneur, vous retirer dans votre tente. Dans peu, je vous montrerai votre armée prête à combattre, et je vous prouverai que David n'a rien....

SCÈNE III.

LES PRÉCÉDENS, DAVID.

DAVID.

Rien. Excepté son innocence.

SAÜL.

Que vois-je ?

MICHOL.

O ciel !

JONATHAS.

Qu'as-tu fait ?

ABNER.

Quelle audace !

JONATHAS.

Ah ! mon père ....

MICHOL.

Mon père, il est mon époux; c'est vous qui me l'avez donné.

SAÜL.

Quel aspect affreux !

DAVID.

Roi, vous avez demandé ma tête, vous la cherchez depuis long-tems ; je vous l'apporte, faites la tomber à vos pieds, elle vous appartient.

SAÜL.

Qu'entends-je? David! Dieu parle en toi; c'est Dieu qui t'a conduit dans ce camp...

DAVID.

Oui, roi, c'est Dieu : ce Dieu qui, jadis dans Ela, lorsque j'étois jeune, foible et sans expérience, m'opposa au fier Goliath couvert de fer; ce dieu qui, tant que j'ai servi sous vos ordres, a multiplié mes victoires; ce Dieu, qui toujours impénétrable dans ses projets, a voulu se servir d'un bras obscur, pour exécuter de grandes choses ; ce Dieu, Saül, m'amène devant vous pour vous rendre vainqueur. Donnez-moi le commandement, ou employez-moi comme un simple soldat ; peu m'importe. Que votre ennemi morde la poussière, que les nuages épais qui se sont amoncelés autour de votre trône se dissipent au souffle de l'aquilon impétueux ; je serai satisfait, Saül, et je pourrai mourir. Alors aucun obstacle ne vous empêchera de me condamner ; vous direz : « que David meure, » et Abner m'immolera aussitôt. — Je ne m'armerai point pour me défendre ; dans le palais de mon roi, je ne dois avoir pour armes que mon innocence, ma docilité et mes prières. Si Dieu l'ordonne, je dois périr comme votre fils, non comme votre ennemi. Le fils d'Abraham étoit prêt comme moi à verser son sang sur la montagne ; toutes ses paroles, tous ses gestes annonçoient son humble obéissance ; pendant que son père levoit une main pour l'immoler, Isaac baisoit tendrement l'autre. — Je suis comme lui, Saül : vous m'avez tiré du néant, vous pouvez m'y replonger ; vous m'avez couvert de gloire, vous pouvez m'en dépouiller ; vous m'avez élevé au faîte des honneurs, vous pouvez m'en précipiter.

SAÜL.

Ces paroles dissipent un nuage épais répandu sur mes yeux ; elles ont pénétré jusqu'au fond de mon cœur ! — David, tu parles comme un homme généreux, et tu le fus toujours ; mais, aveuglé par l'orgueil, tu as osé me mépriser, t'élever au-dessus de moi, t'emparer de mes honneurs, et te couvrir de mon éclat. Quand je n'aurois pas été ton roi, devois-tu, jeune encore, outrager un vieillard ? Plein de grandeur dans toutes tes actions, tu ne le fus pas dans cette conduite. Les filles d'Israël, en chantant tes exploits, disoient : « David a fait tomber mille Philistins, Saül n'en a abattu que cent. » Ces chants, David, m'ont outragé : pourquoi ne disoit-on pas : « Saül, dans sa jeunesse, a fait périr des milliers d'ennemis ; c'est lui qui a formé David. »

DAVID.

Je ne cessois de répéter que je vous devois tout ; mais ceux qui s'étoient emparés de votre confiance parloient plus haut ; ils disoient : « David est trop puissant ; son nom est dans toutes les bouches et dans tous les cœurs ; si vous ne le perdez pas, qui pourra retenir son ambition ? » Avec moins d'art et plus de vérité, Abner, que ne disiez-vous au roi : « David vous sert mieux que moi, voilà pourquoi je l'abhorre, je lui porte envie, je le crains et je veux qu'il meure ».

ABNER.

Traître ! rappelle-toi le tems où tu tins

conseil avec tes faux prophêtes, où tu tendis à ton roi des pièges infâmes, où tu te retiras parmi les Philistins, où traînant, parmi nos ennemis des jours coupables, tu entretenois des intelligences dans notre camp : réponds, devois-je alors prendre ta défense ? Souviens-toi qu'avant que tu ne fusses parjure, je te servis auprès de Saül ; que c'est moi seul qui le décidai à te prendre pour gendre.

MICHOL.

Ce fut moi seule, Abner. J'obtins de mon père, David pour époux ; éprise de sa vertu, je voulus lui être unie. Il fut l'objet de mes secrètes pensées, l'unique but de tous mes vœux, il eut mes premiers soupirs. Dans un état abject, livré aux horreurs de la pauvreté, j'aurois préféré David aux monarques que l'Orient adore.

SAÜL.

Mais toi. David, peux-tu combattre les accusations d'Abner ? Parle, ne t'es-tu pas retiré chez les Philistins ? N'as tu pas répandu parmi mes sujets, les semences de la sédition ? n'as-tu pas plusieurs fois tendu des pièges à la vie de ton roi, de ton second père ?

DAVID.

Un mot suffira pour me justifier. Voyez ce morceau de votre manteau royal : le reconnoissez-vous ?

SAÜL.

Donne-le moi. Je le reconnois. Où l'as-tu pris ?

DAVID.

Sur vous-même, et je l'ai coupé avec ce glaive. — Vous souvenez-vous d'Engadda ? Là vous m'aviez proscrit, vous m'aviez condamné à mort, vous me poursuiviez avec fureur; là, seul, abandonné de tout le monde, je m'étois retiré dans une caverne. Vous étiez plongé dans un profond sommeil, et vos gardes étoient éloignés..... Le cœur consumé de haine, pouviez-vous dormir ? Voyez si le Seigneur ne se joue pas des vains projets des hommes. Je pouvois vous faire mourir, et prendre la fuite, je le pouvois; vous en avez la preuve. Un grand roi, au milieu de son armée, étoit entre les mains d'un jeune homme proscrit.... Où étoit alors le vaillant Abner ? où étoit-il ? Est-ce ainsi qu'il veille sur vos jours ? est-ce ainsi qu'il sert son roi ? Voyez en qui vous avez mis votre confiance, et contre qui vous avez tourné votre colère. — Etes-vous satisfait? N'avez-vous pas à présent le témoignage assuré de mon innocence et de ma foi? n'avez-vous pas le témoignage assuré de la négligence et de la perfidie d'Abner?

SAÜL.

Tu as vaincu, mon fils. — Abner, tu l'entends, et tu n'oses lui répondre.

MICHOL.

O joie!

DAVID.

O mon père!

JONATHAS.

Jour heureux!

MICHOL.

Cher époux!

SAÜL.

Oui, ce jour est un jour de victoire et de bonheur. Je veux, David, que tu commandes aujourd'hui mon armée : Abner le souffrira. Qu'il n'y ait plus entre vous d'autre rivalité que celle de la gloire. Jonathas tu combattras à côté de ton frère d'adoption. David me sera garant de ta vie, tu me le seras de la sienne.

JONATHAS.

Quand David commande, le Seigneur est garant de la victoire.

MICHOL.

Dieu qui vient de te rendre à ton épouse, veillera sur toi.

SAÜL.

Avant le combat, mon fils, viens dans ma tente te reposer quelques instans. Ton épouse chérie va dissiper la longue douleur que lui a causée ton absence; elle te servira au festin qui va sceller notre réconciliation. Ah! ma fille, tu peux seule faire oublier à David les injustes fureurs de ton père abusé.

FIN DU SECOND ACTE.

ACTE TROISIÈME.

SCÈNE Iʳᵉ.

DAVID, ABNER.

ABNER.

Me voici, David. A peine le festin est-il fini, et je viens recevoir tes ordres.

DAVID.

J'ai voulu avoir avec toi un entretien particulier.

ABNER.

Tu veux me parler du combat qui va se livrer....

DAVID.

Et te dire que je ne veux pas que tu serves sous moi, mais que tous deux, au même rang, nous combattions pour Israël, pour Saül et pour le Seigneur. Abner, n'ayons aucune autre pensée.

ABNER.

Moi, né du sang royal, j'ai combattu pour

Saül, avant que l'on n'entendît le sifflement de ta fronde.

DAVID.

Le sang des rois ne coule pas dans mes veines; je ne me vante point de mes exploits, ils sont connus, et Abner en a été témoin.— Oublie-les, Abner, ne te souviens que des tiens; rival de toi seul, tâche aujourd'hui de te surpasser toi-même.

ABNER.

Je m'étois cru jusqu'à ce jour le chef de l'armée; David n'y étoit pas; j'ai donc dû faire toutes les dispositions pour le combat. Ecoute-les. Le camp des Philistins est placé dans la vallée en face de nous, et s'étend du nord au midi. D'épaisses broussailles sont par derrière, des fossés profonds sont au-devant. Au levant, il est défendu par un retranchement difficile à franchir; à l'occident, un passage libre nous est ouvert entre les montagnes. C'est là qu'il est nécessaire d'attirer les Philistins, et nous serons sûrs de la victoire. Pour y parvenir, il faut d'abord feindre une retraite. Divisant notre armée en trois corps, nous passerons devant la droite de leur camp. Le premier corps marchera avec rapidité, et aura l'air de fuir; le second restera en arrière, et son désordre attirera les ennemis. Cependant, nos meilleurs guerriers, choisis par nous, franchiront le retranchement qui est à l'orient, et prendront par derrière les Philistins; en tête, en flanc, et sur les aîles, ils seront donc environnés, et nous pourrons en faire un horrible carnage.

DAVID.

Tu me parois aussi sage que vaillant. Rien, Abner, ne doit être changé à ton projet. J'admire la vertu par-tout où je la trouve; je veux servir sous toi; et, pendant le combat, je n'ajouterai aux forces que tu commanderas que le secours de mon épée.

ABNER.

C'est David qui est mon chef, ce David si fameux dans la guerre. Quel autre que lui a jamais remporté des victoires?

DAVID.

Toi, qui as tant de mérite, devrois-tu te montrer jaloux des autres? Plus j'examine ton plan, plus je le trouve sage. Jonathas et moi nous nous réunirons près de la tente de Saül; Sadoc, avec mille hommes choisis, franchira le retranchement ; et toi, tu commanderas le corps de bataille.

ABNER.

Tu dois y être ; tu dois y avoir la première place.

DAVID.

Eh bien ! je t'ordonne d'y être. — Le soleil cependant acquiert plus de force : tiens-toi prêt à tout ; mais qu'on n'entende pas le son des trompettes, avant qu'il ne reste que quatre heures de jour. Un vent d'orient impétueux souffle en ce moment ; les ennemis, qui seront éblouis par le soleil, et qui auront la poussière dans les yeux, ne pourront nous résister.

ABNER.

Tu as raison.

DAVID.

Va, commande ; et par d'indignes artifices qu'un homme tel que toi devroit méconnoître, ne flétris point la réputation de grand capitaine que tu mérites.

SCÈNE II.

DAVID (seul.)

L'ordre de bataille est grand et bien tracé.

— Mais à quoi sert la prévoyance à un chef, s'il n'a pas l'amour des soldats ? Cela seul manque à Abner, et Dieu me l'a accordé. Aujourd'hui je vaincrai, et je quitterai encore le roi. Jamais près de lui je ne pourrois trouver la paix.... Que dis-je ? une nouvelle victoire seroit regardée comme un nouveau crime.

SCÈNE III.

MICHOL, DAVID.

MICHOL.

Cher époux, tu ignores ce qui se passe. Mon père sortoit de ce festin, où il a trouvé quelque plaisir ; Abner l'a pris à part, lui a parlé un instant ; je me suis avancée, il est sorti, et je n'ai plus trouvé le roi comme il étoit auparavant.

DAVID.

Mais qu'a t-il dit ? qu'as-tu vu ?

MICHOL.

Avant de voir Abner, il étoit près de nous ; il mêloit ses larmes aux nôtres, il nous embrassoit ; il prévoyoit avec plaisir que notre postérité seroit illustre, et soutiendroit la gloire d'Israël : il avoit pour nous une tendresse plus que paternelle ; à présent il a plus que la froideur d'un roi.

DAVID.

Chère épouse, ne pleure point avant le tems. Saül est roi ; il disposera de notre sort comme il le voudra. Je ne forme qu'un vœu, c'est qu'il ne perde pas aujourd'hui la bataille ; que demain il reprenne son courroux, moi je reprendrai mon état abject ; je m'exilerai, je fuirai, et je me condamnerai à une vie douloureuse. Mon plus grand chagrin sera de te quitter ; il faudra pourtant s'y résoudre.— Vaine espérance ! hymen malheureux ! tu devois jouir auprès d'un autre époux du bonheur et de l'éclat de ton rang : c'est moi qui t'ai perdue. Tu ne pourras donner une postérité nombreuse et florissante à un époux errant et toujours fugitif.

MICHOL.

Non, David, nous ne serons plus séparés ; personne n'osera m'arracher de ton sein. Je ne veux plus traîner cette horrible vie que j'ai trop long-tems soufferte. Avant de m'éloigner de toi, il faudra m'immoler. Seule,

plongée dans les larmes, je passois les longues journées dans ce palais de la douleur. Les ombres de la nuit me présentoient les plus horribles images. Tantôt je voyois suspendu sur ta tête le glaive de mon père cruel; j'entendois ta voix tendre et douloureuse, faite pour appaiser la rage du monstre le plus féroce, et cependant le barbare Saül te plongeoit ce fer dans le flanc. Tantôt je te voyois dans les détours d'une sombre caverne; tu te préparois un lit de plantes sauvages; tu tremblois au moindre bruit; enfin tu ne trouvois nulle part ni secours ni repos. Foible, souffrant, dévoré d'une soif brûlante.....
O ciel ! puis-je te dire quelles étoient mes craintes, quel doute affreux s'élevoit dans mon cœur ? — Je ne veux plus te quitter.

DAVID.

Arrête. Tu me déchires le cœur. — Ce jour doit voir du sang, et non des pleurs.

MICHOL.

Pourvu qu'aucun piège ne te soit tendu dans cette cour, je ne crains rien pour toi sur le champ de bataille. Le Seigneur te protégera. Peut-être le perfide Abner cherchera-t-il à empêcher ta victoire, ou à t'en faire un crime aux yeux du roi.

DAVID.

Eh quoi ! te paroît-il douteux que Saül me confie aujourd'hui cette grande entreprise ?

MICHOL.

Je n'ai rien entendu ; mais il étoit troublé, il parloit tout bas de prêtres perfides, d'émissaires qui s'étoient introduits dans le camp, de vertu feinte.... Ces paroles obscures doivent inspirer de la terreur à celle qui est la femme de David et la fille de Saül....

DAVID.

Le voici. Nous allons l'entendre.

MICHOL.

Juste Dieu ! prête aujourd'hui tes secours à ton serviteur, confonds l'impie, éclaire mon père, sauve mon époux, défends le peuple que tu as adopté.

SCÈNE IV.

LES PRÉCÉDENS, SAÜL, JONATHAS.

JONATHAS.

Venez, mon père, dissipez ces sombres

ACTE III, SCÈNE IV.

pensées; l'air pur calmera vos souffrances; venez, asseyez-vous au milieu de vos enfans.

SAÜL.

Que me dit-on?

MICHOL.

Ah! mon père....

SAÜL.

Qui êtes-vous?... Qui me parle d'un air pur?... Je ne vois que d'épaisses vapeurs, des ténèbres, et les ombres de la mort.... Approche-toi. Ne le vois-tu pas? le soleil est entouré d'un cercle de sang. N'entends-tu pas les chants des oiseaux funèbres? Des plaintes lugubres se répandent dans les airs, elles frappent mon oreille, et me font répandre des larmes.... Mais quoi! vous aussi vous pleurez....

JONATHAS.

Puissant Dieu d'Israël, est-ce ainsi que tu as retiré ton appui à Saül? Il fut ton serviteur : veux-tu le livrer à tes ennemis?

MICHOL.

Mon père, vous avez près de vous votre fille chérie; si vous êtes heureux, elle sera

heureuse ; si vous pleurez, elle pleurera....
Mais est-ce le tems de pleurer ? notre défenseur est de retour.

SAÜL.

Tu veux parler de David ?... Ah ! David ! pourquoi ne m'embrasse-t-il pas avec mes enfans ?

DAVID.

Mon père, je me tenois à l'écart, craignant que ma présence ne vous affligeât. Ah ! pourquoi ne pouvez-vous pas lire dans mon cœur ? Je suis toujours avec vous.

SAÜL.

Tu aimes donc la maison de Saül ?

DAVID.

Si je l'aime, ô ciel ! Jonathas m'est plus cher que la vie. Quand il s'agit de vous servir, aucun danger ne peut m'arrêter. Pour mon épouse, je l'aime avec tant d'ardeur, qu'il m'est impossible d'exprimer le sentiment qu'elle m'inspire....

SAÜL.

Cependant tu as beaucoup d'orgueil.

DAVID.

Moi, de l'orgueil ! Dans les camps, je ne suis pas un guerrier lâche ; à votre cour, j'ai le respect d'un gendre ; devant Dieu, je ne suis rien.

SAÜL.

Mais tu me parles toujours de Dieu. Tu sais cependant que la fureur des prêtres m'a depuis long-tems retiré son appui. Est-ce pour m'outrager que tu le nommes devant moi ?

DAVID.

Je le nomme pour lui rendre hommage. Pourquoi croyez-vous qu'il vous a abandonné ? Il ne soutient pas ceux qui refusent son secours ; mais s'est-il jamais éloigné de celui qui l'invoque et qui se confie à lui ? Il vous a donné le trône ; il vous y a maintenu ; et il vous protégera, si vous ne vous adressez qu'à lui.

SAÜL.

Qui me parle du ciel ? — Est-ce un prêtre couvert d'une robe blanche ? Voyons.... non tu es un guerrier, tu portes une épée ; avance, approche-toi de moi. Que je sache si c'est Samuël ou David qui me parle. — Quelle est cette épée ? Ce n'est pas celle que je t'ai donnée....

DAVID.

Cette épée que m'a fait acquérir mon humble fronde, cette épée, dans Ela, fut levée sur ma tête, par le farouche Goliath, je la vis briller, et m'annoncer la mort; Goliath la portoit, il vouloit la teindre de mon sang, et moi je l'ai inondée du sien.

SAÜL.

Ce fer ne fut-il pas, dans Nobbé, attaché au saint tabernacle ? ne fut-il pas ensuite enveloppé dans l'Ephod, et éloigné des regards profanes ? ne fut-il pas pour jamais consacré au Seigneur ?

DAVID.

Il est vrai.

SAÜL.

Réponds donc : où l'as-tu enlevé ? qui te l'a donné ?

DAVID.

Je vous dirai la vérité. — J'arrivois dans Nobbé comme un fugitif; vous savez pourquoi je fuyois. Sans armes, obligé de parcourir des chemins dangereux, j'étois sans cesse exposé à la mort. J'humiliai mon front devant le tabernacle où l'Esprit Saint est descendu : quel autre que David avoit plus de droits à l'arme que je desirois. Je la demandai au prêtre...

ACTE III, SCÈNE IV.

SAÜL.

Et le prêtre...

DAVID.

Me la donna.

SAÜL.

Ce prêtre étoit...

DAVID.

Achimeleck.

SAÜL.

Le traître ! — Où est l'autel ? O rage ! — Scélérats, vous êtes mes ennemis ; vous êtes les ministres de David. — Ames perfides et hypocrites ! — Où sont les bourreaux ? — Où est l'autel ? Qu'on l'anéantisse.

MICHOL.

Ah ! mon père...

JONATHAS

Que faites-vous ? où courez-vous ? calmez votre fureur, je vous en conjure. Il n'y a point d'autel. Respectez les ministres du Seigneur qui entend vos blasphêmes.

SAÜL.

Qui me retient ? — Qui me force à m'asseoir ? Qui me résiste ?

JONATHAS.

Mon père...

DAVID.

Viens à son secours, grand Dieu d'Israël. Ton serviteur prosterné t'en conjure à genoux.

SAÜL.

La paix m'est enlevée. Je suis privé de mes enfans, de mon royaume et de la lumière du soleil. Malheureux Saül ! qui te consolera ? qui voudra guider les pas d'un père aveugle ? — Tes fils sont muets, insensibles et cruels.... On desire la mort d'un débile vieillard ; ses enfans ne songent qu'au diadème qui couvre ses cheveux blancs. Arrachez-le ; séparez la tête tremblante de votre père, d'un corps dévoré de souffrances..... Situation horrible ! la mort est préférable. Je demande la mort.

MICHOL.

Mon père, nous faisons des vœux pour la prolongation de vos jours. Chacun de nous courroit à la mort pour vous y soustraire.

JONATHAS.

Sa fureur s'est calmée par les larmes. Sers-toi, mon frère, de ta voix enchanteresse pour le calmer entièrement. Tes célestes chants l'ont plus d'une fois plongé dans l'oubli de ses douleurs.

MICHOL.

Tu le vois, il respire à peine; ses yeux nagent dans les larmes. Il est tems de le soulager.

DAVID.

Puisse Dieu lui-même parler par ma bouche!

(*Hymne.*)

Être tout-puissant et éternel! toi qui présides toutes les choses créées; toi par qui je fus tiré néant, par qui je pense, et qui m'élèves jusqu'à toi, si tu baisses tes regards sur la terre, tu dissipes les ténèbres, et rien ne peut t'être caché. Au seul mouvement de ta tête, le monde tremble; lorsque tu lèves ton bras vengeur, l'impie rentre dans la poussière.

Jadis tu descendis sur les aîles radieuses des Chérubins; tu remplis de ta divinité le chef des Israélites; tu lui donnas la sagesse, l'éloquence, et tu le rendis invincible. Envoie-nous un rayon de cette flamme si pure! Nous sommes plongés dans les ténèbres et dans les larmes.

SAÜL.

J'entends la voix de David; elle me fait sortir de mon abattement; elle me rappelle mon jeune âge.

DAVID (continue.)

Quel est celui que j'entends et que je ne vois pas ? Un nuage épais de poussière s'approche, poussé par le vent d'orient. — Il s'ouvre, et je vois une armée brillante qu'il portoit dans son sein. — Saül la conduit ; sa tête est entourée de brillans rayons ; la terre frémit sous les pas des coursiers ; le ciel et l'onde retentissent de cris de guerre. Saül paroît avec son aspect formidable. Guerriers, coursiers, chars, tombent devant lui. Ses ennemis, en le voyant, sentent le froid de la mort courir dans leurs veines. La colère du seigneur étincelle dans ses yeux.

Fils d'Amnon, où est votre audace ? que sont devenus vos mépris insolens ? Ce champ ne peut contenir vos cadavres ; il reste un monceau de vos têtes sanglantes. Voilà où conduit l'idolâtrie. — Mais de quel côté entends-je retentir la trompette guerrière ? C'est le glaive de Saül qui moissonne les fils d'Edon. Moak, Saba éprouvent le même sort, et l'impie Amaleck est dispersé en poussière. Saül, ainsi qu'un torrent qui se précipite au commencement de l'année, entraîne tout avec lui.

SAÜL.

Ce sont là les chants de ma jeunesse ; ils me rappellent du tombeau à la gloire. Je respire en les écoutant. Que dis-je ? Pourquoi ces cris de guerre ? La vieillesse ne demande que la paix et l'oubli.

ACTE III, SCÈNE IV.

DAVID.

Chantons la paix.

Accablé de fatigues, le soldat de dieu s'assied sur le bord d'un ruisseau, à l'ombre du laurier qu'il a obtenu. Ses enfans chéris, en lui donnant des secours, s'affligent de ses douleurs, et se réjouissent de son retour. Il entend de tous côtés de tendres plaintes. Son épouse l'embrasse; l'une de ses filles lui ôte son casque, l'autre, avec de l'eau pure, lave la poussière qui couvre son auguste front; celle-ci répand sur lui un nuage de parfums; celle-là baigne sa main de pleurs, et se plaint qu'une autre soit plus utile à son père.

Mais ses fils s'occupent plus noblement; l'un, avant qu'il puisse embrasser le guerrier, essuie son glaive sanglant; l'autre, dévoré d'une noble ardeur, s'écrie : « Quand pourrai-je porter cette lance ? » Le plus jeune essaie son immense bouclier.

Des larmes de joie baignent les joues du guerrier. O douce paix ! heureux séjour où tout respire l'amour et la fidélité ! Mais le soleil se cache, les zéphyrs se taisent, et le monarque est plongé dans un paisible sommeil.

SAÜL.

Heureux le père de ces enfans ! — O paix de l'ame !... Je sens couler dans mes veines un baume de consolation. — Mais que prétends-tu, David ? Veux que Saül, au milieu de sa famille, soit plongé dans une honteuse oisiveté. Le vaillant Saül a-t-il cessé d'être formidable dans les camps ?

DAVID.

Le roi se repose ; mais les souvenirs de ses exploits gitent son sommeil, et lui offrent, dans des songes, les héros qu'il a vaincus.

Voilà le chef des ennemis, percé de sa main, dans la chaleur du combat. Son ombre effroyable n'inspire plus aucune crainte.

Un éclair s'échappe, et éblouit tous les soldats. C'est son épée qui toujours porta la mort, et qui moissonna également le lâche et le brave.

Ce sommeil est semblable à celui du lion qui ne fait pas toujours retentir la forêt de ses affreux mugissemens.

Lorsqu'il dort dans sa caverne, les troupeaux ne sont pas plus tranquilles, et le berger n'est pas moins inquiet sur leur sort, parce qu'il sait que plus ce repos sera long, plus le réveil sera terrible.

Mais le roi s'éveille ; il crie aux armes. Quel guerrier osera le défier ?

Je vois un sillon de feu qui dévore les escadrons impies. — Les Israélites sont couverts de sang ennemi. — La foudre du seigneur écrase ces impies qui ont élevé des temples à de fausses divinités. — Je suis de loin le roi ; je poursuis les Philistins ; j'en fais un affreux carnage, et je montre que deux glaives redoutables défendent le peuple de Dieu (1).

---

(1) Je me suis cru obligé d'abréger ce cantique, qui doit tout son charme à l'harmonie des vers. Je me suis permis aussi d'adoucir des images gigantesques, qui, en prose, eussent été ridicules.

ACTE III, SCÈNE V.

SAÜL.

Quel est cet audacieux ? Y a-t-il dans le camp un autre glaive que le mien ? Périsse celui qui a osé le mépriser !

MICHOL.

Arrêtez, ô ciel !

JONATHAS.

Mon père, que faites-vous ?

DAVID.

Malheureux roi !

MICHOL.

Fuis, cher époux, nous le retenons avec peine ; fuis.

SCÈNE V.

LES PRÉCÉDENS, excepté DAVID.

MICHOL.

O mon père ! arrêtez.

JONATHAS.

Calmez-vous.

SAÜL.

Qui ose me retenir ? — Où est mon glaive ? rendez-moi mon glaive.

JONATHAS.

Venez avec nous, mon père; je ne vous quitte pas. Voyez, il n'y a plus ici que vos enfans. Revenez avec nous dans votre tente; vous avez besoin de repos. Venez, calmez votre colère. Vous êtes avec vos enfans.

MICHOL.

Ils seront toujours à vos côtés.

FIN DU TROISIÈME ACTE.

ACTE QUATRIÈME.

SCÈNE Ire.

JONATHAS, MICHOL.

MICHOL.

Dis-moi, Jonathas, mon époux peut-il retourner à la tente de mon père ?

JONATHAS.

Non ; mon père n'est pas encore appaisé. Il est revenu à lui ; mais sa jalousie contre David est trop forte et trop profonde ; il faudra bien du tems pour la dissiper. Retourne à ton époux, ne le quitte pas.

MICHOL.

Hélas ! suis-je assez malheureuse ? — J'ai caché David dans un lieu où il est impossible de le trouver ; je retourne près de lui.

JONATHAS.

O ciel ! j'apperçois mon père ; il est troublé ; il ne pourra donc jamais jouir d'un moment de repos.

MICHOL.

Que lui dirai-je? Je veux me soustraire à ses regards.

SCÈNE II.

LES PRÉCÉDENS, SAÜL.

SAÜL.

Qui fuit à mon approche?

MICHOL.

Seigneur...

SAÜL.

Où est David?

MICHOL.

Je l'ignore.

SAÜL.

Vous l'ignorez?

JONATHAS.

Mon père...

SAÜL.

Qu'on le cherche, et qu'on l'amène sur-le-champ devant moi.

MICHOL.

Je vais le chercher... Mais où le trouver?

SAÜL.

Votre roi vous a parlé, et il n'est pas obéi!

SCÈNE III.

SAÜL, JONATHAS.

SAÜL.

Jonathas, m'aimes-tu ?

JONATHAS.

O mon père !... je vous aime, mais j'aime aussi votre gloire. Voilà pourquoi, autant qu'un fils peut se le permettre, je m'oppose quelquefois à vos transports injustes.

SAÜL.

Tu as souvent retenu mon bras. Mais ce fer, que tu ne me laisses pas plonger dans le sein d'un perfide, pense que tu le tournes contre toi. Sauve la vie à ce David, et dans peu.... N'entends-tu pas retentir au fond de ton cœur une voix qui te crie : *David sera roi ?* —David roi ! qu'il meure auparavant.

JONATHAS.

Et Dieu ne vous crie-t-il pas d'une voix plus menaçante : « David m'est cher ; il est » l'élu du Seigneur ? » Toutes les actions de David ne prouvent-elles pas qu'il est chéri du ciel ? La rage envieuse et farouche d'Abner n'est-elle pas muette à son aspect ? Vous-même, lorsque vos transports s'appaisent, ne sentez-vous pas, en sa présence, tous vos soupçons se dissiper? Et quand l'esprit de ténèbres rentre dans votre sein, croyez-vous que ce soit moi qui vous arrête ? C'est le bras de Dieu. A peine auriez-vous levé le fer sur David, qu'une force invincible le détourneroit. Vous tomberiez vous-même à ses pieds en pleurant ; vous vous repentiriez ; oui, mon père... parce que vous n'êtes pas impie...

SAÜL.

Tu ne dis que trop vrai. David est pour moi un être inexplicable. Lorsque je le vis, pour la première fois, dans Éla, il plut à mes regards ; mais, dans le fond de mon cœur, je sentis de l'aversion pour lui. Dans les momens où je serois disposé à l'aimer, un courroux inconnu s'empare de moi, et me sépare de lui. Quelquefois je desire sa mort ; et, si je le vois, il me désarme, il m'accable de sa grandeur, et je rentre dans le néant devant lui.— Cette situation cruelle est un effet de la vengeance divine : je reconnois la main qui s'appesantit sur moi. — Mais en vain j'en cherche

ACTE IV, SCÈNE III.

la cause. Je n'offensai jamais le Seigneur.—
Cette vengeance est celle des prêtres. David
est l'instrument de leur fureur. Il vit dans
Rama Samuël mourant ; il entendit les dernières paroles de ce vieillard implacable. Qui
sait si Samuël n'a pas versé sur la tête de mon
rival, l'huile sainte dont il oignit autrefois mon
front ? Peut-être le sais-tu ? Parle.

JONATHAS.

Mon père, je l'ignore. Mais si cela étoit,
ne devrois-je pas en être plus offensé que vous ?
Ne suis-je pas votre premier né ? Lorsque
vous irez rejoindre vos aïeux, le trône ne
m'est-il pas destiné ? Si je me tais, qui peut se
plaindre ? David me surpasse en courage, en
vertu, en prudence ; et plus je le vois grand,
plus je l'aime. Si la main qui donne ou qui
enlève les royaumes, met la couronne sur la
tête de David, je reconnoîtrai qu'il la mérite,
il en est plus digne que moi ; Dieu l'appelle à
conduire les enfans d'Israël aux plus illustres
entreprises.—Je vous jure cependant qu'il est
le plus soumis et le plus fidèle de vos sujets.
Laissez Dieu exécuter ses volontés, et ne continuez pas à vous élever contre ses projets
immuables. Si ce Dieu ne parloit point par la

bouche de Samuël, ce foible vieillard, sur le bord du tombeau, auroit-il pu faire de si grandes choses pour David? D'où vous vient, mon père, ce mélange de respect et de haine que vous sentez à l'aspect de votre gendre? et ce frémissement que vous éprouvez au moment du combat (frémissement jusqu'alors inconnu à votre cœur magnanime.) — Un homme peut-il résister à tant de signes certains?...

SAÜL.

Que dis-tu? Es-tu fils de Saül? — Toi qui méprises le trône! — Mais ne connois-tu pas le droit cruel de celui qui l'usurpe? Ma maison sera détruite par le traître qui s'emparera de mon sceptre! Tes frères, tes enfans, toi-même... il ne restera pas un seul rejetton de ma race... Soif insatiable de régner, de quoi n'es-tu pas capable? Pour acquérir un trône, le frère tue son frère; la mère, ses enfans; la femme, son époux; le fils, son père.... Le trône est un siége sanglant, où s'assied la perfidie....

JONATHAS.

Avez-vous quelques armes contre la fureur divine? Les prières, non les menaces, peuvent appaiser ce dieu jaloux qui abaisse les superbes et qui épargne les foibles.

SCÈNE IV.

LES PRÉCÉDENS, ABNER, ACHIMÉLECK, SOLDATS.

ABNER.

Roi, si je reviens près de vous, avant que des ruisseaux de sang ennemi ne coulent dans ces lieux, un motif important me guide. On ne trouve point ce vaillant David qui devoit nous assurer la victoire. Dans une heure le combat s'engage; vous entendez vos guerriers, frémissant d'impatience, remplir l'air de leurs cris; la terre retentit sous les pieds des coursiers superbes; les casques et les boucliers brillent de toutes parts, et le son de la trompette donne du courage aux plus timides. On ne voit point David, on ne le trouve pas. — Voyez celui qui le remplace dans le camp; nous devons le regarder comme un secours du ciel. Il porte la robe blanche des prêtres; il s'est glissé furtivement dans le camp, et je l'ai trouvé tremblant parmi les Benjaminites. Le voici, demandez-lui pourquoi il s'expose à un si grand péril ?

ACHIMELECK.

J'en dirai la cause, si le roi me le permet. Sa colère....

SAÜL.

Ma colère.... tu la mérites donc. Mais qui es-tu ? Je crois te reconnoître. N'es-tu pas un de ces faux prophètes de Rama ?

ACHIMÉLECK.

J'ai revêtu l'Ephod ; je suis le premier des lévites. Après une longue suite de pontifes, je succède au vénérable Aaron, dans le saint ministère que Dieu lui avoit confié. Dans Nobbé, je me tiens près de l'arche ; cette arche sacrée étoit autrefois au milieu du camp des Israélites ; aujourd'hui c'est encore trop qu'il y paroisse un ministre du Seigneur. Un prêtre est étranger où Saül commande ; il ne devroit cependant pas l'être dans un lieu où Israël combat, s'il est vrai que Dieu seul puisse donner la victoire... Tu ne me connois pas : dois-je en être étonné ? Tu ne te connois pas toi-même. — Tu as écarté tes pas du sentier de Dieu, moi je suis près de son saint tabernacle, et depuis long-tems Saül n'y a point paru. Je porte le nom d'Achimélek.

SAÜL.

C'est le nom d'un traître. A présent je te reconnois. Tu arrives à propos devant moi. N'es-tu pas celui qui as donné un asile à David, qui l'a nourri, et qui lui as donné un glaive? et quel glaive! Celui de Goliath consacré à Dieu, suspendu à son tabernacle, dont tu as osé l'enlever d'une main sacrilège. Ne l'as-tu pas confié à l'ennemi de ton roi, de ton seul maître? Tu viens dans mon camp pour me trahir; il n'y a plus de doute.

ACHIMÉLECK

Je viens sûrement pour te trahir, puisque je viens demander à Dieu la victoire qu'il te refuse. Oui, c'est moi qui ai prêté une main secourable à David. Mais quel est ce David? N'est-il pas l'époux de la fille du roi? n'est-il pas le plus brave des guerriers? n'est-il pas le plus beau, le plus doux et le plus juste des enfans d'Israël? Dans les combats, quelle valeur est comparable à la sienne? Au sein de la cour, pendant la paix, quel charme approche de celui de ses chants? L'amour des filles de Sion, les délices du peuple, l'effroi des ennemis, tel est celui que j'ai recueilli dans sa fuite. Mais, toi-même, ne viens-tu pas de lui rendre ses anciens honneurs ? Ne l'as-tu pas choisi pour commander ton armée, pour ramener la victoire dans ton camp, pour dissiper la terreur que Dieu a mise dans ton sein ? — Si tu me condamnes, tu dois te condamner toi-même.

SAÜL.

D'où vous vient cette pitié, à vous, prêtres toujours altérés de sang ? Samuël me reprochoit comme un crime d'avoir épargné le roi des Amalécites, pris dans le combat les armes à la main, de n'avoir pas immolé un prince renommé par son courage, et qui avoit prodigué son sang pour ses sujets.... Malheureux roi! on l'amena en ma présence, chargé d'indignes fers ; quoique vaincu, il conservoit encore une noble fierté qui ne pouvoit passer ni pour insolence, ni pour espoir de conserver ses jours. — Son courage parut coupable au cruel Samuël; trois fois ce prêtre plongea un fer dans le sein du guerrier désarmé. — Voilà comme vous combattez. Tout sujet qui ose s'élever contre son roi légitime, trouve en vous un appui et des protecteurs. Vous avez dans le fond de

ACTE IV, SCÈNE IV.

vos cœurs d'autres soins que ceux qu'exige le service des autels. Qui êtes-vous, race perfide? Pendant que nous combattons, vous riez en paix de nos périls. Enveloppés d'une robe de lin, vous osez soumettre des guerriers à vos lois; des guerriers qui affrontent sans cesse la mort; qui se condamnent à une vie pénible pour protéger les femmes, les enfans, et vous-mêmes? Lâches, plus foibles que des femmes oisives, voudriez-vous, avec des chants étudiés, avec vos vils ornemens, commander à des guerriers armés de glaives formidables?

ACHIMÉLECK.

Et toi, qui es-tu? Roi de la terre. Mais devant Dieu, qu'est-ce qu'un roi? — Saül, rentre en toi-même, tu n'es que de la poussière couronnée. — Je ne suis rien; mais si Dieu descend dans moi, je suis plus redoutable que la foudre. — Ce grand Dieu qui t'a créé, qui daigne à peine abaisser ses regards sur toi, où est-il, Saül? — Souvent il destine aux rois coupables d'autres châtimens que la honte d'être vaincus. Le Seigneur grave ses vengeances sur le marbre, et les confie aux Philistins comme aux Israélites. — Tremble,

Saül ; déjà dans un nuage sombre, je vois l'ange de la mort planer avec ses aîles de feu ; d'une main il tire l'épée vengeresse, de l'autre, il prend par ses cheveux blanchis, ta tête criminelle. Tremble, Saül. — Cet Abner qui est devant moi, cet enfant de l'esprit infernal, te pousse à la mort. C'est lui qui ouvre aux soupçons ton cœur affoibli ; c'est lui qui donne à un roi la foiblesse d'un enfant timide. — Insensé! tu chasses de ta maison ton seul défenseur. Où est la maison de Saül ? Il l'a fondée sur l'eau ; elle s'écroule, elle tombe, elle se dissout.

SAÜL.

Tu as prédit mes malheurs, et tu n'as pas prédit les tiens. — Tu n'as pas prévu, en venant dans ce camp, que tu y trouverois la mort. Je te le prédis, moi, et Abner accomplira ma prédiction. — Va, Abner, toi qui m'es fidèle, change l'ordre de bataille de David ; tout ce qu'il a fait cache une trahison. On combattra demain au soleil naissant ; l'astre du jour doit être témoin de ma gloire. Je vois que David, par méchanceté, avoit choisi le soir pour le moment du combat, afin d'annoncer que je suis sur mon déclin.

ACTE IV, SCÈNE IV.

Mais on verra. — Tes menaces ont ranimé mon courage ; demain je commanderai l'armée ; un jour entier ne sera pas trop long pour les exploits que je médite. — Abner, éloigne ce traître de mes regards, et qu'il meure....

JONATHAS.

O ciel ! mon père, que faites-vous ?

SAÜL.

Silence. — Qu'on immole Achiméleck, et que son sang retombe sur les Philistins.

ABNER.

Il va mourir.

SAÜL.

Mais son sang ne suffit pas à ma vengeance. Envoie à Nobbé les arrêts de ma colère. Qu'on égorge les femmes, les enfans, leurs esclaves et leurs troupeaux ; qu'on les brûle ensuite avec leurs maisons, et qu'on disperse dans les airs les cendres de cette exécrable race. Alors tes prêtres pourront dire : *il fut un Saül*. Ma main, si souvent provoquée au meurtre par vos crimes, n'avoit point encore frappé. Vous la méprisiez, parce qu'elle vous épargnoit.

ACHIMÉLECK.

Aucun roi ne peut m'empêcher de mourir comme un juste; ma mort est donc aussi douce que glorieuse. — Le Seigneur, implacable dans ses vengeances, a décidé depuis long-tems qu'Abner et toi péririez comme des lâches, et non par le fer des ennemis. — Allons, j'ai, pour la dernière fois, fait entendre la parole de Dieu à un impie; il s'y est montré sourd; mon devoir est rempli; j'ai employé dignement les restes de ma vie.

SAÜL.

Qu'on le mène à la mort, et qu'on lui fasse souffrir un supplice long et cruel.

SCÈNE V.

SAÜL, JONATHAS.

JONATHAS.

Malheureux roi! que faites-vous? arrêtez.

SAÜL.

Laisse-moi, je te le répète. — Es-tu guerrier? es-tu mon fils? es-tu digne de ton sang? — Non, va dans Nobbé, prends le siège vacant d'Achiméleck; tu dois vivre parmi des lévites oisifs, non dans le tumulte des armes, non dans le palais d'un roi....

JONATHAS.

A vos côtés, j'ai quelquefois repoussé les ennemis. — Le sang que vous répandez aujourd'hui n'est pas celui d'un Philistin, c'est celui d'un prêtre. — Dans un si grand danger, vous êtes seul...

SAÜL.

Je brave tous les dangers. — Lâche! tu peux demain arriver tard au combat : j'y serai seul. Qu'ai-je besoin de Jonathas ? qu'ai-je besoin de David ? il suffira de moi.

JONATHAS.

Je combattrai près de vous; puissé-je tomber mort à vos yeux, avant de voir les malheurs destinés à votre malheureuse famille !

SAÜL.

Quelle est ma ressource ? la mort. Je la trouverai digne de mon rang.

SCÈNE VI.

LES PRÉCÉDENS, MICHOL.

SAÜL.

Tu viens sans David.

MICHOL.

Je n'ai pu le trouver.

SAÜL.

Je le trouverai, moi.

MICHOL.

Il est peut-être bien loin; il fuit votre courroux.

SAÜL.

Mon courroux a des aîles, et il l'atteindra. Malheur à David si je le vois dans le combat; malheur à toi si, après ma victoire, tu ne l'amènes pas devant moi !

MICHOL.

O ciel !

JONATHAS.

Ah ! mon père.

SAÜL.

Je n'ai plus d'enfans. — Cours, Jonathas, cours loin de moi. — Et toi, cherche et trouve David.

MICHOL.

Je veux rester avec vous.

SAÜL.

C'est en vain...

ACTE IV, SCÈNE VII.

JONATHAS.

Mon père, que je combatte loin de vous!

SAÜL.

Eloignez-vous tous de moi. Vous me trahissez tous. Sortez, je le veux, je vous l'ordonne.

SCÈNE VII.

SAÜL (seul.)

Je suis seul avec moi-même. — Malheureux! il n'y a plus que moi que je ne craigne pas.

FIN DU QUATRIEME ACTE.

ACTE CINQUIÈME.

SCÈNE Ire.

DAVID, MICHOL.

MICHOL.

Sors, ô mon époux! viens, la nuit est déjà bien avancée..... Entends-tu le bruit du camp? On combattra à l'aube naissante.— Le plus profond silence règne autour de la tente de mon père; regarde, le ciel favorise ta fuite; la lune se couche, et un nuage épais cache ses derniers rayons. Allons, personne ne peut nous appercevoir; sous la protection de Dieu, descendons la montagne.

DAVID.

Michol, toi qui es la meilleure partie de moi-même, pendant qu'Israël se prépare à combattre, voudrois-tu que David se préparât à fuir? Je ne crains pas la mort; je resterai; Saül me fera périr, s'il le veut; la mort me sera chère, si je peux auparavant faire tomber beaucoup d'ennemis.

MICHOL.

Tu ignores ce qui s'est passé. Mon père a commencé à verser du sang pour assouvir sa colère. Achiméleck, qu'on a trouvé dans ces lieux, est devenu la victime de sa fureur.

DAVID.

Qu'entends-je ? Il a osé faire périr un prêtre ! Malheureux Saül !

MICHOL.

Tu ne sais pas encore tout. Le roi lui-même a commandé à Abner de tourner contre toi les armes d'Israël, si tu te montrois dans le combat.

DAVID.

Et mon fidèle Jonathas l'a souffert ?

MICHOL.

Que peut-il ? Il a aussi éprouvé le courroux de mon père, et son désespoir le fait courir au combat pour y trouver la mort. Tu vois bien que tu ne peux pas rester ici ; il faut céder, il faut fuir, et attendre, ou que mon père change, ou qu'il succombe à la vieillesse. —Père cruel ! toi-même tu forces ta malheureuse fille à desirer le funeste jour.... Mais non, non, je ne desire point ta mort; vis heureux, si tu le peux; il me suffit de ne plus quitter mon époux… Viens avec moi, allons…

DAVID.

Combien je regrette d'abandonner le combat! J'entends une voix inconnue crier dans mon cœur : « Le dernier jour est arrivé pour « Israël et pour son roi. » Puissé-je !.. Mais non. Ici l'on a répandu le sang d'un saint ministre; ce camp est impur, cette terre est souillée ; Dieu les a maudits: David ne doit plus combattre dans ces lieux. — Il faut donc que je cède à ta crainte et à ton amour. — Mais cède au mien, laisse-moi.

CHOL.

Que je te laisse? Je ne te quitte pas. Rien ne peut m'arracher à toi.

DAVID.

Arrête : tes pas tremblans ne pourroient suivre ma course rapide. Il faut, puisque tu le veux, que je parcoure, pour me sauver, des sentiers hérissés d'épines. Comment tes pieds délicats pourroient-ils faire une route si pénible? Et t'abandonnerois-je seule dans

ACTE V, SCÈNE I. 427

les déserts ? Tu le vois, le retard que tu apporterois à ma fuite, me feroit bientôt découvrir ; tous les deux, nous serions traînés auprès du roi, et nous serions exposés à sa colère.... O ciel ! cette seule idée me fait frémir... Et quand il seroit vrai que nous pourrions nous dérober à son courroux, dois-je priver de tes secours un père malheureux et accablé de souffrances ? Entraîné loin de son palais par les malheurs de le guerre, il a besoin de quelqu'un qui le console. Reste auprès de lui, calme ses fureurs, appaise ses maux, et essuie ses larmes. Toi seule tu l'appaises, tu le sers, et tu soutiens ses déplorables jours. Il veut ma mort, et moi je veux qu'il soit heureux et triomphant.... Mais aujourd'hui je tremble pour lui. — Tu étois fille avant d'être épouse ; il ne t'est pas permis de m'aimer plus que tu ne le dois. Je vais me soustraire au danger ; que peux-tu desirer de plus ? N'augmente pas les chagrins de ton père, il est assez malheureux. A peine serai-je arrivé au lieu de mon exil, je t'en avertirai. Nous nous réunirons bientôt, je l'espère. — Tu dois sentir combien cette séparation m'est cruelle....

MICHOL.

Malheureuse ! que je te perde encore ? — Tu veux que je te laisse aller seul, de caverne en caverne ? tu exiges que je ne te suive pas dans ta vie errante, douloureuse et toujours exposée ? — Ah ! du moins, si j'étois avec toi... — En partageant tes maux, je les rendrois plus légers.

DAVID.

Je t'en conjure par notre amour, et, s'il le faut, je te l'ordonne comme époux, ne me suis point. Si tu m'accompagnois, tu t'exposerois aux plus grands malheurs. — Mais puisque Dieu veut que je m'éloigne, il ne faut plus différer ; l'heure s'avance ; quelqu'un pourroit m'appercevoir et me trahir. Je connois parfaitement ces montagnes ; je suis sûr de me dérober à tous les regards. — Embrasse-moi pour la dernière fois ; que Dieu reste avec toi. Demeure avec ton père, jusqu'à ce que ce Dieu te réunisse à ton époux.

MICHOL.

Pour la dernière fois !... Et tu veux que je vive ? Tu me déchires le cœur....

ACTE V, SCÈNE II.

DAVID.

Et moi... Sèche tes larmes... Dieu puissant ! rends ma course plus rapide.

SCÈNE II.

MICHOL.

Il fuit.... O ciel ! je le suivrai.... Mais quels liens semblent me retenir ? Je ne puis le suivre... Il se dérobe à moi. Je le perds donc encore une fois.... Sais-je quand je pourrai le revoir ?.... Malheureuse ! Et tu es épouse ? et ton hymen a été célébré ? — Non, je ne peux plus rester auprès de mon père cruel. Je veux te suivre, David... Cependant si je marche sur ses pas, je l'expose.... Comment cacherois-je ma fuite ? — Mais j'entends le bruit des armes... Il s'approche... et le son de la trompette s'y joint.... Les pas des coursiers font retentir la terre.... Quel est ce tumulte ? — Saül n'a point ordonné le combat avant le lever du soleil. Mes frères... Jonathas... sont peut-être en danger... Quels cris affreux, quels gémissemens sortent de la tente de mon père ?.... Malheureux ! Volons près de lui. Il vient lui-même.... Dans quel état le vois-je? Ah! mon père!

SCÈNE III.
SAÜL, MICHOL.

SAÜL.

Ombre irritée, arrête, laisse-moi.... je me jette à tes pieds.... Où fuir? où me cacher? Appaise-toi, ombre terrible... mais elle est sourde à mes prières. — Terre ent'rouvre-toi, engloutis-moi vivant dans ton sein... pourvu que je me dérobe aux regards affreux que me lance cette ombre....

MICHOL.

Qui fuyez-vous? personne ne vous poursuit. O mon père! ne me voyez-vous pas? ne me connoissez-vous plus?

SAÜL.

Grand prêtre d'Israël, veux-tu que je m'arrête ici? Samuël, toi qui me servis de père, me l'ordonnes-tu? Je me soumets à tes ordres souverains. — Tu as jadis ceint mon front de la couronne; arrache-la de tes mains, foule-la sous tes pieds... Mais je vois l'épée flamboyante suspendue sur ma tête.... Samuël, ne la détourne pas de ma tête, mais de celles de mes enfans.... Mes enfans sont innocens de mes crimes.

MICHOL.

Quelle horrible situation ! — Mon père, vous êtes égaré.... Tournez les yeux sur moi.

SAÜL.

O bonheur ! la paix est sur ton visage. — Farouche vieillard, tu cèdes donc un instant à mes prières. — Je ne quitterai point tes genoux, que tu n'aies dérobé mes enfans à la vengeance du ciel. — Que me réponds-tu ? « David étoit aussi ton fils ; tu l'as poursuivi, » et tu as ordonné sa mort. » — Arrête, suspends ta fureur.... Où est David ? qu'on le cherche ; qu'il revienne ; qu'on m'immole à sa place, et qu'il règne ; qu'il règne, pourvu qu'il ait pitié de mes enfans. — Tu es inexorable ; ton œil est rempli de sang ; ton épée est enflammée ; le feu sort de ta bouche ; tu le souffles sur moi... il m'atteint, il me dévore... où fuir ? — Puis-je me sauver de ce côté ?

MICHOL.

Ne pourrai-je ni vous retenir, ni dissiper

ces vains fantômes ? Ecoutez-moi, vous êtes....

SAÜL.

Mais non, un large fleuve de sang me ferme le passage. Quelle horrible vue ! Des cadavres nouvellement frappés sont amoncelés sur l'une et l'autre rive. De ce côté là, tout est mort. — Je fuirai donc par ici... Que vois-je ? qui êtes-vous ? — « Nous sommes les » fils d'Achiméleck ; je suis Achiméleck. » Meurs, Saül, meurs. » Quels cris ! Je le reconnois ; il est teint de son sang recemment versé, et il s'abreuve du mien. Mais qui vient derrière moi, et me saisit les cheveux ? C'est toi, Samuël. — Qu'a-t-il dit ? que je serois bientôt avec lui. — Moi seul je serai avec toi ; mais ces enfans... Où suis-je ? Toutes les ombres ont disparu. Quel bruit frappe mes oreilles ? c'est un bruit de combat ; cependant le soleil n'est pas levé ; oui, c'est un bruit de combat. Qu'on m'apporte mon bouclier, mon casque, mon épée ; qu'on me revêtisse à l'instant de mes armes. Je veux mourir en combattant.

MICHOL.

Que faites-vous, mon père ? — Calmez-vous. Votre fille....

ACTE V, SCÈNE IV.

SAÜL.

Que parles-tu de fille ? Je veux mes armes. Qu'on m'obéisse.

MICHOL.

Je ne vous quitte pas.

SAÜL.

Les trompettes rendent un son plus éclatant. Mon épée me suffira. — Laisse-moi, obéis-moi. Je cours de ce côté ; la mort y est, je vais l'y trouver.

SCÈNE IV.

LES PRÉCÉDENS, ABNER, SOLDATS FUGITIFS.

ABNER.

Roi malheureux !..... où courez-vous ? cette nuit est horrible.

SAÜL.

Pourquoi a-t-on livré bataille ?

ABNER.

L'ennemi nous a surpris. Nous sommes entièrement défaits.

SAÜL.

Défaits ! Et toi, lâche, tu existes encore !

ABNER.

Je vis pour vous sauver. Les Philistins vont inonder ces lieux; il faut éviter leur premier choc; avec quelques soldats, je vous conduirai....

SAÜL.

Que je vive, lorsque mon peuple est vaincu ?

MICHOL

Voyez, mon père, le bruit augmente. On approche....

SAÜL.

Jonathas.... mes enfans.... ils prennent aussi la fuite....ils m'abandonnent.

ABNER.

O ciel ! vos enfans n'ont pas fui.....Les malheureux !

SAÜL.

Je t'entends. Ils ont tous péri.

MICHOL.

Hélas! mes frères....

ABNER.

Vous n'avez plus de fils.

SAÜL.

Que me reste-t-il encore ?— Toi seule, ma

ACTE V, SCÈNE IV.

fille; mais je ne veux pas que tu partages mon sort. — J'ai depuis long-tems arrêté dans mon cœur tout ce que je devois faire. L'heure est venue. Abner, écoute le dernier de mes ordres; mets ma fille en sûreté.

MICHOL.

Non, mon père, je vous couvrirai de mon corps; l'ennemi n'osera frapper une femme.

SAÜL.

Arrête, ma fille, ne fais pas couler mes pleurs. Un roi vaincu ne doit pas pleurer. Abner, sauve-la; si elle tomboit dans les mains des ennemis, ne dis pas qu'elle est la fille de Saül, dis qu'elle est la femme de David; ils la respecteront. Va, vole...

ABNER.

Elle sera sauvée, je vous le jure, mais vous....

MICHOL.

Mon père, je ne puis vous abandonner.

SAÜL.

Je le veux : je suis encore roi. L'ennemi s'approche; fuis, Abner, et s'il le faut, force ma fille à te suivre.

MICHOL.

Mon père.... pour toujours....

SCÈNE V.

SAÜL. (seul.)

O mes enfans !.... je fus père. — Te voilà seul, ô roi ! De tant d'amis, de tant de serviteurs qui partageoient ta prospérité, il ne te reste pas un seul compagnon. — Ciel implacable ! es-tu satisfait ? — Mon épée me reste ; elle me rendra un dernier service dans ce moment.... J'entends les clameurs des vainqueurs insolens ; leurs flambeaux ardens, leurs épées brillent à mes yeux. — Race impie, tu me trouveras, mais frappé de ma main, et tu verras que je suis mort en roi.

FIN DU CINQUIÈME ET DERNIER ACTE.

EXAMEN DE SAÜL.

Il paroît qu'Alfieri, en traitant ce sujet, a eu envie de transporter sur la scène, à l'exemple de Racine, les beautés naïves et sublimes de la Bible. L'étude approfondie qu'il a été obligé de faire des livres saints, donne à son style une couleur poétique et solemnelle, qu'on ne trouve pas dans ses autres ouvrages. Le tableau qu'il offre aux spectateurs, présente un roi que la main de Dieu a frappé. Le mépris du culte de Moïse, les outrages faits au sacerdoce, ont attiré sur ce prince la colère céleste qui ne diffère ses vengeances que pour mieux les assurer ; il est tel que Bossuet le peint, lorsqu'il parle de (1) *ses victoires, de sa présomption, de sa désobéissance, de sa réprobation et de sa chûte funeste* ; il est livré

A cet esprit d'imprudence et d'erreur,
De la chûte des rois funeste avant-coureur.

Cependant, en examinant bien la manière dont Alfieri a placé Saül sur la scène, on remarque avec surprise que les vues anti-sociales de ses autres

(1) Discours sur l'*Histoire Universelle*.

ouvrages se retrouvent dans celui-ci. En effet, la puissance suprême y est avilie; l'agitation de Saül dégénère en une folie méprisable; le prêtre Achi-méleck, désigné comme l'envoyé du ciel, y est couvert d'infamie, et l'on reconnoît dans les injures dont il est accablé, les déclamations furieuses de quelques auteurs modernes contre les pontifes romains. Le caractère de David est plein de noblesse et de vertu ; celui de Michol présente l'image de cet amour pur, de cette piété tendre et compâtissante qui rappellent les mœurs patriarchales.

Un auteur français presqu'oublié, a fait une tragédie de Saül, où l'on trouve de grandes beautés. Duryer a conçu le principal personnage d'une manière toute opposée à celle d'Alfieri. Il le représente comme un prince accablé par une juste punition, mais opposant un grand courage à tous les revers. Une scène sur-tout offre une situation très-pathétique (1). L'ombre de Samuël est consultée par Saül; elle lui répond par ces mots terribles :

> Pense combien de fois ma voix t'a menacé,
> Et pour voir l'avenir, regarde le passé.

Elle annonce ensuite à ce malheureux roi qu'il perdra le trône; il y renonce avec résignation : elle lui dit

---

(1) On s'est donc trompé, lorsqu'on a écrit que Voltaire, dans *Sémiramis*, étoit le premier qui eût introduit une ombre sur la scène française.

qu'il mourra; il reçoit cet arrêt avec courage : elle lui prédit enfin que ses enfans périront, et ce père infortuné laisse échapper des larmes.

Il me semble que la pièce d'Alfieri, si supérieure à celle de Duryer sous d'autres rapports, ne présente pas une situation aussi tragique.

FIN DU TOME SECOND.

www.ingramcontent.com/pod-product-compliance
Lightning Source LLC
Chambersburg PA
CBHW071059230426
43666CB00009B/1760